Enseignement Élémentaire.

LA LECTURE & L'ORTHOGRAPHE,

par l'Écriture.

MÉTHODE VILLARS.

102 Tableaux-Modèles

PARIS, Bouquillard EDITEUR, rue S.t Martin, 226.

Lithographie & Papeterie Bouquillard, rue S.t Martin, 226, passage du Cheval rouge.

GUIDE

DE

LA MÉTHODE VILLARS.

LA LECTURE ET L'ORTHOGRAPHE

par l'Écriture.

Paris, Bouquillard, *Éditeur*, *rue Saint-Martin*, 226.

1842

A Monsieur Gabriel Delessert,

Conseiller d'Etat, Préfet de Police.

Hommage d'une profonde et respectueuse reconnaissance,

Poutignac de Villars.

Paris, le 20 Octobre 1841

ENSEIGNEMENT ÉLÉMENTAIRE.

LA LECTURE ET L'ORTHOGRAPHE

par l'Écriture.

AVIS DE L'ÉDITEUR.

La Méthode-Villars a été composée dans le seul but de simplifier et d'améliorer le système de l'enseignement mutuel. Elle remplace avec avantage tous les premiers livres élémentaires. L'adoption de cette méthode dans les écoles ne vient qu'après le succès complet de son application dans les prisons de Paris, et au système cellulaire. L'enseignement offre sans doute des différences dans le mécanisme, dans la manière dont il est présenté, développé, dans les cellules des prisons pénitentiaires et dans la liberté de l'école où la cohésion des élèves, puis du travail, s'opère par des moyens plus doux. La méthode que nous offrons au public est tellement claire, qu'elle sera saisie par MM. les professeurs dès les premières explications. Ils verront que son principal ressort est une dictée précise, bien divisée, bien préparée et faite, grâce à cette division, à cinq classes à la fois. L'idée mère existe dans l'engrenage parfait de cinq sections travaillant toujours simultanément. La fraction dictée s'adresse à l'une d'elles, tandis que les autres recopient simplement les fractions déjà dictées. Cette dictée est soutenue par un exemple imprimé, qui reste constamment au pupitre, et sur lequel chaque élève fixe les yeux dès que le maître a cessé de parler à sa classe.

On verra que, pour ce cours, il n'est pas nécessaire que les élèves arrivent ensemble, commencent le même jour, aient le même degré d'instruction; les nouveaux venus, dès le premier jour, suivent sans peine la marche des anciens élèves. S'il en est un moin intelligent que ses condisciples, il recommence les premières opérations, et saisit enfin, par la répétition et l'habitude, ce qu'il n'a pu comprendre de suite. Ce système est simplement la recherche de la lecture et de l'orthographe par l'écriture. Il devra être très-fécond en résultat dans les écoles régimentaires.

L'élève saisit une partie de ce mécanisme dès les premières leçons; il s'encourage de lui-même. L'opération se compose de quelques exercices très-simples. La lettre, le mot ou la phrase sont dictés par le maître; un tableau, placé sous les yeux de l'élève, répète l'un ou l'autre. Les moyens principaux sont donc la parole du maître; cette parole, répétée par l'élève, répétée par le modèle, transcrite par l'élève et allant sans cesse du simple au composé, donne des résultats prouvés par l'expérience.

MM. les professeurs remarqueront qu'ainsi un maître, un seul, actif, intelligent, peut diriger dans une salle le groupe le plus nombreux, soit d'enfants, soit d'hommes faits, ouvriers, soldats, soit de jeunes filles ou de femmes. Toutes ces applications diverses ont été faites et ont eu le même succès. Ce qui est entrepris aujourd'hui par cette publication, c'est une simple extension de la méthode, c'est la proposition de son emploi à un cercle plus vaste, celui du peuple.

MM. les maîtres remarqueront encore que M. de Villars a prévu les obstacles qu'il devait rencontrer : ceux surtout d'une conception lente. La dictée offre quatre degrés ou quatre versions. Les élèves qui font facilement l'exercice d'une classe passent naturellement à la suivante. Les autres restent dans le premier groupe. Et si nous insistions ici sur des raisons peut-être secondaires, nous dirions : Quelle douce occupation cette méthode ne donne-t-elle pas à tous ces jeunes esprits; car c'est une grande joie pour chacun, de toujours marcher, de progresser sans découragement, sans fatigue ! Les élèves peuvent être isolés, sans que les opérations des classes cessent d'être simultanées, sans que les résultats cessent d'être distincts. Chaque opération d'une classe commence par l'appellation de celle-ci. Les mêmes épreuves, à des temps divers, sont répétées plusieurs fois dans la même classe.—L'élève qui n'a pas entendu ou saisi les premières dictées de sa division, les recueille dans la répétition et sur le modèle.—Les trois modes du travail sont d'écouter le maître, d'écrire et de reproduire, par l'écriture, sur le tableau, les mots que le maître vient de prononcer. Cette marche est si facile à saisir, qu'il nous semble qu'une personne attentive pourrait commencer cette dictée générale immédiatement après avoir lu le rapport de M. Bérenger, et l'exposé qui va suivre.

Toutefois, l'auteur ne s'en est pas tenu à d'insuffisantes instructions. Pour bien faire comprendre l'*enchevêtrement* des dictées pendant la leçon, il a, dans une série de *tableaux synoptiques*, divisé le travail de chaque jour de telle sorte, qu'une simple lecture du premier, en donnant la clé de tous les autres, et par conséquent celle de la méthode tout entière, permet à chacun, sans peine, et à première vue, d'en faire l'application.

Mais nous n'insisterons pas davantage sur tous ces points, M. de Villars s'appuie indépendamment des heureux précédents de sa méthode, des suffrages les plus élevés; il doit beaucoup à la protection de M. Gabriel Delessert, conseiller d'état, préfet de police, ses encouragements dès l'origine, n'ont pas manqué aux expériences de la Méthode. M. Denis, inspecteur-général des prisons de la Seine (2e section), a le premier, dans un rapport aussi remarquable que consciencieux, appellé l'attention sur la marche facile, rationnelle de la Méthode-Villars. C'est à eux que l'auteur est redevable de l'adoption de sa Méthode, destinée, du moins c'est notre espérance, à améliorer la condition du peuple par la connaissance, indispensable aujourd'hui, de la lecture et de l'écriture.

T. BOUQUILLARD.

EXPOSÉ DE LA MÉTHODE.

La Méthode-Villars, divisée en cinq classes, est composée de cent-deux tableaux ou modèles, et consiste en dictées graduées.

La dictée se fait par l'épellation des mots jusqu'à la troisième classe, inclusivement.

On n'épèle plus à la quatrième classe; on dicte simplement aux élèves les phrases inscrites sur les tableaux consacrés à cette division.

A la cinquième classe, les élèves n'ont plus besoin de la dictée; ils copient leurs tableaux.

Chaque élève est pourvu du tableau de la division à laquelle il appartient.

ÉLÉMENTS DONT SE COMPOSE LA MÉTHODE.

PREMIÈRE CLASSE OU PREMIÈRE DIVISION.

Les élèves de cette division ont *dix-huit tableaux-modèles* à étudier: par les *six* premiers, ils apprennent à *faire* et à *connaître* les lettres, en passant du simple au composé; c'est-à-dire, qu'ayant d'abord appris à faire les lettres simples, comme l'*i*, le *c*, l'*o*, le *j*, etc., ils voient qu'en réunissant deux *i i* ils obtiennent la lettre *u*; qu'en réunissant l'*o* et l'*i* ils ont la lettre *a*; qu'en joignant l'*o* et le *j* ils obtiennent le *g*, etc., etc.

Par le *septième*, ils apprennent à distinguer les voyelles des consonnes, et à *faire* et à *connaître* les chiffres.

Le *huitième* leur indique la forme et la valeur des accents, points et virgules, etc.

Les *dix* derniers modèles se composent d'exercices sur les syllabes de deux lettres, et enseignent aux élèves les différentes modifications que les accents font éprouver au son ou à la prononciation des voyelles sur lesquelles ils sont placés.

DEUXIÈME CLASSE.

Dix-huit tableaux-modèles sont aussi consacrés à cette division: Les *treize* premiers présentent à l'élève des monosyllabes de trois, de quatre, de cinq et même de six lettres, classés dans l'ordre alphabétique. Chaque monosyllabe est reproduit en caractères typographiques, il est dicté et épelé seul à l'élève; la phrase qui en donne l'explication n'est placée là que pour préciser à son esprit le sens du mot.

On évite ainsi le vice essentiel des méthodes élémentaires dans lesquelles on ne montre à l'élève que des syllabes isolées et dépourvues de sens, comme *cra*, *gnon*, *gne*, etc., d'où il résulte que le premier enseignement est une lettre morte pour l'intelligence de l'enfant, qui se fatigue et se dégoûte. Lorsqu'au contraire, les syllabes offrent l'apparence d'un sens: comme *bra*, *choi*, *chan*, *joi*, etc., elles ont le grave inconvénient de mal indiquer l'orthographe des mots que ces consonnances semblent désigner.

Les *cinq* derniers tableaux se composent de mots de deux syllabes, choisis parmi ceux dont la combinaison des lettres présente toujours, pour les assembler et les prononcer, de grandes difficultés aux enfants : comme *sceptre*, *spectre*, etc.

TROISIÈME CLASSE.

Le travail de cette division s'appuie sur *vingt-deux tableaux*; il embrasse les conjugaisons des verbes.

Avec les *trois* premiers, l'élève conjugue le verbe auxiliaire *Être*, combiné avec l'adjectif, de sorte qu'en mettant la troisième personne au féminin, il apprend la formation de ce genre dans les adjectifs; ainsi, lorsqu'il a écrit : *je suis bon*, *tu es beau*, *il est bas*, il trouve au féminin, à la troisième personne, *elle est bonne*, *belle*, *basse*, etc.

Les *douze* suivants contiennent le verbe *Avoir* et les verbes des quatre conjugaisons.

Six tableaux ensuite sont consacrés à quelques verbes irréguliers; et le *vingt-deuxième* et dernier présente la marche des verbes sous la forme interrogative. Toutefois, ce tableau ne porte qu'une personne de chaque temps, l'élève doit le compléter. Cet exercice a pour but d'achever de le familiariser avec les conjugaisons.

Chaque personne de chaque temps, dans ces vingt-deux tableaux, est suivie d'un régime; ce qui donne une série de mots choisis de manière à faire passer sous les yeux des élèves tous les sons entrés dans la formation des mots. Ainsi, pour apprendre à l'enfant que : *f-r-o* font *fro*, on ne lui présente pas cette syllabe isolée, on lui dicte en épelant, et on lui fait écrire : *j'ai reçu du fro-ment.*

On voit, par cet exemple, que le fait qui domine la Méthode-Villars est celui-ci : qu'elle ne présente jamais de syllabes seules, sans aucun sens, mais toujours des phrases ou propositions complètes.

QUATRIÈME CLASSE.

Les *vingt-quatre* tableaux de cette division renferment des exercices sur toutes les lettres et les homonymes de notre langue. Arrivés à ce degré, les élèves savent lire; on n'épèle donc plus. Le professeur leur lit une phrase, qu'ils écrivent d'abord sous la dictée, et qu'ils copient ensuite jusqu'à ce qu'on leur en dicte une autre.

En même temps que ces tableaux sont d'excellents modèles d'écriture, les phrases sont combinées de façon à perfectionner les élèves dans la lecture.

CINQUIÈME CLASSE.

Des *vingt* tableaux destinés à cette division, *onze* sont consacrés aux principes d'orthographe et de grammaire, et *neuf* donnent aux élèves les connaissances élémentaires nécessaires à l'homme, tant en morale qu'en religion. Ainsi, ces tableaux ne sont plus seulement des modèles d'*écriture-lecture* que l'élève doit copier, ils deviennent pour lui, soit dans sa cellule, soit dans le régime commun, un sujet d'études plus sérieuses, dont le premier résultat est nécessairement de lui donner une intelligence plus complète des tableaux affectés aux quatre premières divisions.

OBSERVATIONS.

On a placé dans les tableaux de la première division, en regard de la lettre *écrite*, la lettre *imprimée;* dans ceux de la deuxième, on a reproduit le mot écrit en caractères d'impression; enfin, dans ceux de la troisième, l'élève a des temps écrits et des temps imprimés à copier. D'où il résulte qu'à mesure qu'il apprend à faire et à connaître les caractères *écrits*, il apprend également à connaître les caractères d'imprimerie.

On a évité de suivre, dans le système nouveau, un usage adopté dans plusieurs méthodes : celui de placer au-dessous des mots bien orthographiés les mêmes mots orthographiés suivant la prononciation.

En voici deux exemples, pris dans une des méthodes les plus répandues :

Allumez la lampe, et vous l'éteindrez vers les onze heures.

Prononciation : Alumé la lampe, é vou l'étindré ver lé onz'eure.

Une somme de cinq cents francs.

Prononciation : Une some de cin san fran.

De là doute et incertitude pour l'élève qui, presque toujours, remplaçant l'orthographe de l'étymologie par celle de l'oreille, conserve dans sa mémoire justement la manière d'écrire qu'il ne devait pas retenir.

Peut-être s'étonnera-t-on de voir (à la troisième classe) conjuguer des verbes à des enfants qui savent à peine lire et écrire? A cela on répond, que les tableaux sont simplement des modèles d'*écriture-lecture*, qu'on n'a pas voulu leur donner plus de signification; mais, que le but qu'on se propose d'atteindre étant d'apprendre à lire en même temps qu'à écrire, que le *mot qu'on appelle verbe* se modifiant à chaque personne et à chaque temps, l'élève ne pouvait retirer qu'un grand avantage de cet exercice. Qu'enfin, en y joignant un régime, on pouvait faire passer sous ses yeux, *par l'épellation et par l'écriture*, toutes les syllabes qui concourent à la formation des mots.

Il est facile d'apprécier les avantages de cette marche; car, si, après avoir parcouru les quatre premières classes, les élèves ont appris à épeler et à assembler tous les mots qu'ils ont épelés et écrits en conjuguant les verbes sans avoir rien retenu des règles des conjugaisons, il n'en résultera aucun inconvénient important si, en définitive, ils ont appris à lire et à écrire.

Si, au contraire, ils ont saisi et retenu la marche, ou partie de la marche des conjugaisons, ils s'élèveront alors, par l'étude des modèles consacrés à la cinquième classe, à la connaissance de la règle organique et générale des principes de la grammaire, et ce qui, d'abord, avait été confus pour eux s'expliquera d'une manière logique et concise.

En admettant qu'on ne recueille, par cette marche, qu'une partie de ces derniers résultats : qu'arrivera-t-il alors? Que, néanmoins, les enfants, instruits ainsi, seront en état d'éviter les fautes les plus grossières.

Supposons enfin qu'ils soient appelés à faire des études qui dépassent ce cercle, n'y seront-ils pas mieux préparés par cette méthode que par celles suivies jusqu'à présent?

APPLICATION DE LA MÉTHODE AU RÉGIME CELLULAIRE DANS LE PÉNITENCIER DES JEUNES DÉTENUS, RUE DE LA ROQUETTE.

Il fallait trouver un procédé au moyen duquel on pût faire la classe à *cinq cents enfants*, répartis dans *cinq cents cellules*.

Il fallait que cette classe pût se faire en peu de temps, avec peu de monde et sans que les enfants se vissent ou s'entendissent.

Le procédé trouvé, il fallait une méthode qui lui fût appropriée : c'est celle dont on vient d'essayer de donner l'analyse.

Voici le procédé :

Les élèves sont munis du tableau de la division à laquelle ils appartiennent.

Chaque étage de la maison est divisé en six corridors, renfermant chacun trente-quatre cellules.

Les surveillants se placent au centre de leurs corridors respectifs, et disent à haute voix :

ATTENTION,

Cinquième classe, écrivez! (on verra plus loin pourquoi on commence par cette classe.)

ATTENTION, 1re CLASSE!

Faites la lettre A, *la lettre* B, etc.

Ils en font autant pour la deuxième, la troisième et la quatrième classe; de sorte, qu'en moins de *trois minutes*, tous les enfants renfermés dans la maison sont occupés. Quatre dictées sont faites ainsi pour chaque division. A chaque nouvelle dictée, l'élève abandonne celle qui a précédé, pour ne plus s'occuper que de la dernière. Lorsque les quatre dictées sont terminées, l'élève, pendant la correction, qui commence alors, et pendant toute la durée de la classe, recopie les *lettres*, les *mots* ou les *phrases* (suivant sa division) qui ont été dictés.

Les dictées ne doivent prendre que vingt-cinq à trente minutes, de sorte que, sur les deux heures qui sont accordées pour faire la classe, il reste aux élèves une heure trente-cinq à quarante minutes pour travailler, et aux surveillants pour parcourir les trente-quatre cellules de leurs corridors et pour faire la correction.

Cette tâche n'est pas difficile pour le surveillant, quelque peu instruit qu'il soit, car le modèle est pour lui comme pour l'élève.

APPLICATION DE LA MÉTHODE AU RÉGIME COMMUN.

Après avoir démontré combien il était facile de faire l'application de ma méthode au régime cellulaire, il me reste à établir qu'elle offre de plus grands avantages dans le régime commun.

En effet, les élèves sont mieux groupés autour du maître; ils entendent mieux sa voix, et ils ne peuvent ni n'osent ne pas l'écouter. La dictée partant du maître est mieux suivie que partant d'un *élève-moniteur*. Il sait, d'ailleurs, que la correction sera faite par le professeur et non, comme dans l'enseignement mutuel, par un élève.

Pendant la dictée, la classe entière est si occupée, qu'elle échappe à cette distraction habituelle qui, dans les écoles mutuelles, affaiblit une grande partie de l'enseignement.

Par la nouvelle méthode, l'élève est entraîné, forcé d'écouter, de suivre d'abord la dictée et de copier ensuite. La simplicité de la marche de la dictée ne permet pas les erreurs; la leçon est donnée avec plus de précision; enfin, comme dans l'enseignement mutuel, le professeur n'intervient plus seulement comme simple agent, mais comme exécutant la combinaison prévue dans les tableaux, dont l'application a été d'abord matérielle, et est devenue logique dans une progression de cinq classes.

Le travail a toujours de l'ensemble, cependant il n'a jamais pour objet, à chacune des cinq divisions, qu'une seule classe, dont les élèves écrivent dès qu'il leur est ordonné d'écrire.

On avait cru, jusqu'à présent, qu'il n'était pas possible de faire faire la classe à un grand nombre d'élèves par un seul professeur, autrement que par l'enseignement mutuel. Ma Méthode prouve le contraire, car un seul maître, sans le secours d'aucun moniteur, peut réellement faire la classe à *un*, comme à *vingt*, comme à *trois cents* élèves, et pour un nombre plus considérable, il n'aura besoin que d'*un* ou de *deux aides*, encore ne lui seront-ils nécessaires que pour la correction. Les écoles des Madelonnettes et de Saint-Lazare, où, par les ordres et par les soins éclairés de M. Gabriel Delessert, elle a été introduite, peuvent en fournir la preuve.

Tout récemment (en novembre 1841), elle a été aussi adoptée à la colonie agricole de Mettray (Indre-et-Loire), dont M. le vicomte de Bretignères de Courteilles et M. de Metz, conseiller honoraire à la Cour royale de Paris, sont les fondateurs en même temps que les directeurs.

Puisque j'ai été amené à parler de Mettray, qu'il me soit permis d'ajouter quelques mots sur cette colonie de Jeunes Détenus, que, pendant quelques jours, j'ai visitée dans tous ses détails. Je n'essaierai pas de dire ici quelles étaient mes impressions à mesure que je découvrais les rouages qui font mouvoir cet admirable établissement; mais là, avec une abnégation sans exemple, oubliant leur haute position sociale, MM. de Metz et de Bretignères vouent leur existence à la régénération morale de jeunes infortunés qu'ils arrachent à la corruption des prisons (1). Là, j'ai vu des prisonniers gardés *sans verroux*, retenus qu'ils sont, par l'influence toute paternelle que ces deux hommes si honorables exercent sur eux. Après avoir été témoin de ce qui se passe à la colonie agricole de Mettray, dont le système d'administration est si prévoyant dans sa conception, si intelligent dans son application et sa direction, si sage dans toutes ses parties, que ces Messieurs me pardonnent, si je n'ai pu résister au besoin d'exprimer l'admiration qu'ils m'inspirent! Leurs deux noms, désormais inséparables ne mourront pas, avec celui de Saint Vincent de Paule, ils resteront comme symboles de la Charité Chrétienne.

(1) Je le dis avec une conviction profonde, les prisons en France ne seront que des foyers de corruption qui, sans cesse alimentés, rejetteront sans cesse d'impurs éléments dans la société, tant que le système cellulaire de jour et de nuit ne sera pas adopté; non pas toutefois le système de Pensylvanie avec toutes ses rigueurs, mais modifié, mais tel que M. Gabriel Delessert l'a conçu et fait appliquer au Pénitencier des Jeunes Détenus de La Roquette. Ce système, qu'après M. Moreau Christophe j'appellerai *Système français*, peut se résumer ainsi : « *Interdire toute communication nuisible, permettre toute communication salutaire.* » Alors, mais seulement alors, il y aura *certitude* d'amender, de moraliser les détenus. Seize années d'étude sur cette importante question m'autorisent peut-être à formuler ainsi mon opinion.

RAPPORT

FAIT A L'ACADÉMIE DES SCIENCES MORALES ET POLITIQUES, SUR LA MÉTHODE D'ENSEIGNEMENT ÉLÉMENTAIRE DE M. POUTIGNAC DE VILLARS, PAR MONSIEUR BÉRENGER (DE LA DRÔME), PAIR DE FRANCE, CONSEILLER A LA COUR DE CASSATION, PRÉSIDENT DE LA SOCIÉTÉ DE PATRONAGE POUR LES JEUNES LIBÉRÉS DU DÉPARTEMENT DE LA SEINE.

Séance du 4 septembre 1841.

Messieurs,

L'adoption du régime de l'isolement, si nécessaire pour la réforme de nos prisons, rencontrait un obstacle sérieux dans la difficulté de procurer l'enseignement élémentaire aux détenus qui y seraient soumis.

Ce régime exigeait, en effet, que les prisonniers renfermés, chacun séparément dans des cellules, fussent privés de toute communication entre eux; ces cellules devaient être, nécessairement, distribuées en plusieurs étages, et réparties dans un nombre infini de corridors; il y avait nécessité aussi que chaque corridor fût affecté à une nature particulière d'industrie, sans égard pour les classifications que l'enseignement élémentaire pourrait faire désirer; et cependant il fallait que cet enseignement fût simultané, prompt, économique, et qu'un seul instituteur y suffît; il fallait, enfin, obtenir de rapides progrès, tout en n'y consacrant que peu de temps, afin de ne pas trop prendre sur celui destiné à l'enseignement professionnel, devenu indispensable pour procurer au détenu, lorsque le moment de la libération arriverait, les moyens d'existence qui devaient le mettre à l'abri du besoin, et, par suite, l'empêcher de retomber dans le crime.

Tel est le problème dont la solution était à trouver.

M. Poutignac de Villars, greffier-instituteur du pénitencier des

Jeunes Détenus du département de la Seine, l'a complètement résolu, par la méthode, aussi simple qu'ingénieuse, qu'il a soumise à votre appréciation, et dont vous nous avez chargés de vous rendre compte.

Cette méthode, Messieurs, outre l'avantage de s'appliquer admirablement à l'enseignement cellulaire, offre encore celui de s'approprier, avec le même succès, à l'enseignement en commun.

M. de Villars divise ses élèves en cinq classes, et partage entr'eux *cent-deux* tableaux-modèles, qu'ils sont tenus d'imiter et d'étudier.

Dix-huit tableaux sont affectés à la 1re classe; les huit premiers apprennent à former les lettres, à distinguer les voyelles des consonnes, à faire et à connaître les chiffres; ils indiquent aussi la valeur des accents, points et virgules : les dix derniers se composent d'exercices sur les syllabes de deux lettres, ils indiquent les modifications que les accents font éprouver au son ou à la prononciation des voyelles sur lesquelles ils sont placés.

Un égal nombre de tableaux (18) est consacré à la 2e classe; ils présentent des monosyllabes de trois, quatre, cinq et même de six lettres, distribués dans l'ordre alphabétique. Chaque monosyllabe est suivi d'une phrase qui en donne la signification, mais il est dicté et épelé seul à l'élève. Les cinq derniers tableaux se composent de mots de deux syllabes, choisis parmi ceux dont la combinaison des lettres présente, pour leur assemblage et leur prononciation, le plus de difficultés.

Le travail de la 3e classe s'appuie sur vingt-deux tableaux, qui embrassent les conjugaisons des verbes. Chaque personne de chaque temps, dans ces vingt-deux tableaux, est suivie d'un régime, ce qui donne une série de mots choisis de manière à faire connaître aux élèves tous les sons entrés dans la formation des mots.

La 4e classe a vingt-quatre tableaux à parcourir; ils sont composés de phrases rangées dans l'ordre alphabétique. Les élèves, parvenus à cette division, n'épèlent plus, ils doivent savoir lire. On leur dicte une phrase qu'ils écrivent d'abord, et, comme ils ont le modèle sous les yeux, ils la copient jusqu'à ce qu'on leur en dicte une autre.

Enfin, Messieurs, des vingt tableaux destinés à la 5e et dernière classe, onze sont consacrés à exposer les principes de l'orthographe et de la grammaire; les élèves puisent des préceptes de morales et de religion dans les neuf tableaux suivants. Ainsi les tableaux de cette classe ne sont pas seulement des modèles d'*écriture-lecture* que l'élève doit copier, ils deviennent pour lui, soit dans la cellule, soit dans le régime commun, un sujet d'études plus sérieuses, dont le premier résultat est nécessairement de lui donner une intelligence plus complète des tableaux affectés aux quatre premières divisions.

Tel est, Messieurs, dans toute sa simplicité, le mécanisme de la méthode de M. de Villars. Pour vous l'exposer, nous n'avons eu qu'à reproduire, presque textuellement, l'explication claire et concise qu'il en a lui-même donnée.

Ainsi, dans une suite de tableaux, l'auteur réunit les difficultés de notre langue et les écueils qu'il faut éviter. Il fait travailler, simultanément et sur des éléments différents, les cinq classes qui forment autant de degrés d'instruction : tout est passé en revue, les consonnances, les variétés de sens et d'objets, la prononciation et l'orthographe, les changements dans l'acception, etc. L'élève, en copiant les tableaux pendant plusieurs leçons, les fixe dans sa mémoire; il distingue les différences, il se fait enfin une idée exacte des règles et des défauts du langage et du style. Les classes vont naturellement du simple au composé; la première recevant la leçon de quelques signes placés graphiquement sous les yeux de l'enfant et complétée par la dictée de ces signes, et les autres classes recevant à leur tour les tableaux et les dictées appropriées à leur degré d'instruction.

Maintenant, Messieurs, pour connaître la manière dont la méthode est appliquée, veuillez nous suivre, par la pensée, au pénitencier des Jeunes Détenus de La Roquette, où elle a été introduite.

Ce pénitencier est élevé de trois étages, chaque étage se compose de six corridors, contenant chacun, au 1er et au 2e, trente-quatre cellules; les corridors du 3e étage n'en contiennent que quatorze; en tout près de cinq cents cellules.

Les surveillants servent d'auxiliaires à l'instituteur, *il suffit qu'ils sachent lire.* Placés au centre de leurs corridors respectifs, ils vont commencer la leçon. Le guichet de chaque cellule est entr'ouvert et permet au son de la voix d'y pénétrer. Chaque enfant, à un signal donné, se place devant sa table et se tient prêt à écrire, ayant le tableau de la division à laquelle il appartient.

Le surveillant s'adresse d'abord à la 5e classe, et dit : « *5e classe, écrivez!* » Cette classe étant la plus avancée, les jeunes gens qui en font partie ne reçoivent pas de dictée, ils écrivent, pendant toute la leçon, le tableau du jour dont ils sont pourvus.

Aussitôt le surveillant, s'adressant à la 1re classe, celle des commençans, dit : « *Attention, 1re classe! faites plusieurs fois la lettre i, e, t,* etc.» Il en dit successivement autant à la 2e, à la 3e et à la 4e classes, car nous avons eu soin de prévenir que toutes les classes étaient confondues dans les mêmes corridors. A ces 1re, 2e et 3e classes, l'élève épèle toutes les lettres de chaque mot, il écrit à mesure, en imitant de son mieux, le modèle qui est devant lui, de sorte qu'il apprend la lettre et les mots parlés en même temps que la lettre et les mots écrits

Lorsque le surveillant a dicté à une classe pendant deux minutes environ, il dicte à la classe suivante pendant la même durée de temps, en la prévenant toujours par ces mot : *Attention, 2e* ou *3e classe!* Alors, celle dont la dictée est finie continue à écrire, en répétant les mêmes lettres, les mêmes mots, etc., jusqu'à ce que la dictée recommence pour elle. Quatre dictées, séparées par autant d'intervalles, sont ainsi successivement faites à chaque classe.

Cet exercice dure 25 à 30 minutes environ, et comme la leçon est de 2 heures, il reste 1 heure 30 à 35 minutes aux élèves pour continuer leur travail, et aux surveillants pour parcourir les cellules et s'assurer si chacun a bien suivi la dictée, s'il a bien imité la configuration des lettres d'après les modèles, et observé l'ordre dans lequel elles sont placées. Les surveillants prennent notes de tout ce qui peut appeler leur attention, c'est sur ces notes que les punitions et les récompenses sont distribuées.

Pendant la leçon, l'instituteur parcourt les divers corridors, dirige les surveillants, observe s'ils se conforment exactement à ses instructions, pénètre dans les cellules, examine le travail et étend son inspection sur tout ce qui peut être de nature à la solliciter. Ainsi les surveillants et les élèves sont tour à tour l'objet d'un contrôle qui ne permet à personne de se relâcher de ses devoirs ou de demeurer inappliqué.

Par cette méthode, les enfants apprennent à lire et à écrire en même temps. Depuis près de deux ans qu'elle est introduite dans le pénitencier de La Roquette, nous avons suivi son application avec un constant intérêt, et nous avons admiré ses bons résultats. — L'élève, n'étant pas distrait, et son attention étant constamment soutenue par les dictées, fait de rapides progrès. Nous avons remarqué des enfants qui, après un mois d'étude seulement, formaient déjà les lettres avec une perfection presqu'égale à celle des modèles ; dès la 2e classe, on est surpris des progrès obtenus, et à la troisième classe les enfants savent déjà lire et écrire. — En moins d'une année les Jeunes Détenus de La Roquette lisent et écrivent parfaitement, tandis que deux années sont presque toujours nécessaires dans nos écoles publiques : il y a encore cette différence que la méthode de M. de Villars n'admet que *cinq* classes, et n'emploie que *cent-deux* tableaux, lorsque les élèves de nos écoles élémentaires sont obligés de parcourir *huit* classes, et que le nombre des tableaux qu'ils sont tenus d'étudier s'élève à *deux cent quatre-vingt-huit*, ce qui doit finir par jeter de la confusion dans leurs esprits.

Le problème est donc résolu, et désormais l'enseignement élémentaire pouvant être facilement donné aux prisonniers soumis au régime de l'isolement, la plus grave objection qui s'élevait contre ce régime se trouve détruite.

Nous avons dit, Messieurs, que la méthode de M. de Villars s'appliquait avec le même succès à l'enseignement en commun. Elle a, en effet, été introduite à Saint-Lazare et aux Madelonnettes, où le régime de la séparation n'existe pas; les élèves sont réunis dans une même école. — Là un seul instituteur peut instruire, *en même temps*, un nombre indéterminé de disciples : inutile de les répartir en divisions, ils peuvent être placés confusément, et les diverses classes sont mêlées sans inconvénients. La présence constante du maître au milieu du travail, l'attention qu'exige la leçon, l'obligation de suivre la dictée, la stimulation de toutes les classes, tout cela agit de la manière la plus favorable sur l'intelligence. Avec ce système, il n'y a plus d'élève qui reste en route. Si les premières leçons dans une classe n'ont pas suffi, le professeur les fait recommencer; c'est alors la répétition et l'habitude qui surmontent la difficulté, et l'élève négligent se trouve, un peu plus tard, forcément entraîné dans le mouvement de ces condisciples; voilà ce qui explique les rapides progrès que nous avons signalés.

Ce système a de l'avantage sur la méthode *lancastrienne*, où le maître n'est pas le centre du travail, où le devoir est dicté aux enfants par d'autres enfants, qui, étant sans autorité morale, sont toujours difficilement écoutés; ou ce sont des groupes qui, s'exerçant, le font avec mollesse, ou le bruit et la confusion donnent des distractions continuelles, et ne permettent ni à l'attention de se fixer, ni à l'esprit de méditer et de réfléchir; tandis que dans la méthode de M. de Villars, c'est le professeur qui enseigne, qui surveille, qui corrige tout et qui entraîne les cinq classes à la fois par la clarté et par la rapidité de ses dictées. Cette méthode, appliquée à l'enseignement en commun, paraît donc, sous beaucoup de rapport, devoir être préférée.

L'influence de l'instruction élémentaire, Messieurs, a été active, immense chez nous depuis 1815. Par les perfectionnements qu'elle a reçus, elle a contribué à éclairer les classes de notre population, qui, précédemment privées de toute culture, l'était aussi, par cela même, de toute participation à la plupart des avantages sociaux.

C'était surtout à la base de notre système constitutionnel, qui proclame l'égalité des droits et qui admet tous les citoyens, dans la mesure de leur capacité, à l'exercice des emplois publics, que la simplification des méthodes devait se rencontrer.

Pour parvenir à les répandre largement parmi le peuple, il y a eu des préventions à surmonter, des résistances à vaincre; les hommes généreux qui se sont dévoués à cette noble tâche ont eu des luttes laborieuses à soutenir, mais enfin ils ont triomphé des difficultés, et, par la persévérance qu'ils ont mise à propager, dans tous les rangs, ce moyen puissant de moralisation, ils ont mérité la reconnaissance du pays. Désormais le nom de M. de Villars se placera honorablement à côté des leurs. On lui devra tout à la fois d'avoir rendu possible en France l'établissement du système pénitenciaire, en levant l'obstacle qui paraissait s'y opposer le plus, et d'avoir préparé une plus grande extension de l'enseignement populaire, en appropriant le même procédé aux écoles dans lesquelles l'instruction est donnée en commun. — Nous croyons donc que sa méthode mérite l'approbation et les encouragements de l'Académie.

INSTRUCTIONS POUR MM. LES PROFESSEURS.

Les cent-deux tableaux-modèles qui composent la méthode sont ainsi répartis :

1re classe.	18	102
2e classe.	18	
3e classe.	22	
4e classe.	24	
5e classe.	20	

Les élèves des 1re et 2e classes doivent garder leurs tableaux ;

Savoir :

Les 8 premiers, 8 jours chaque, 64	Pour la 1re, 154	
Les 10 derniers, 9 jours chaque, 90	Pour la 2e, 154	
Ceux de la 3e. . 7 jours chaque.	154	
Ceux de la 4e, les 14 premiers, 6 jours chaque. . 84	154 (*)	
les 10 derniers, 7 jours chaque. . 70		

De cette façon, toutes les classes atteignent leur dernier tableau le même jour. Alors le professeur fait l'examen général, et fait passer à la classe supérieure les élèves qui sont assez forts. Après l'examen, tous les élèves reprennent le premier tableau de leur classe. Ceux qui n'ont pu passer, restent à leur division, et, comme les autres, reprennent le premier tableau.

Quand il arrive de nouveaux élèves, le professeur, après les avoir interrogés, les met, suivant leur degré d'instruction, à la 1re, à la 2e, etc., et leur donne le tableau que les élèves de la classe à laquelle ils sont placés ont en main. Si lorsque l'époque de l'examen arrive, ils ne sont pas à même de passer à la classe supérieure, ils ne changent pas, et le premier tableau qu'ils n'avaient pas vu, leur est donné comme aux autres.

A la 2e classe, le professeur doit commencer à expliquer aux élèves (pendant la dictée seulement) ce qu'on entend par *singulier* et *pluriel*, par *masculin* et *féminin*.

A la 3e classe, il leur explique les différentes espèces de mots, qu'on appelle les dix parties du discours. Il leur apprend leur nom, leur valeur, leur emploi ; mais il ne faut pas que, dans une même leçon, ces explications soient trop multipliées. Elles doivent toujours être aussi brèves, aussi concises que possible. Elles ne sont, et il ne doit les considérer que comme des jalons qu'il jette çà et là sur sa route pour préparer ses élèves à l'étude de la grammaire.

A la 4e classe, le professeur, plus à l'aise, donne des explications plus étendues.

Les exercices de cette classe portent spécialement sur les *lettres* et les homonymes de la langue. Ainsi, une phrase dont le premier mot, par exemple, commence par un *a*, ne se compose que de mots qui commencent par cette lettre, ou de mots où elle est employée et combinée de toutes les manières.

Cette conception, bizarre si l'on veut, a du nécessairement pro-

(*) Il n'y a pas de temps déterminé pour la 5e classe, ceci est laissé à l'appréciation des professeurs.

duire des phrases bizarres; mais quelqu'étranges que quelques-unes d'entr'elles puissent paraître, elles fournissent toujours au professeur l'occasion de donner à ses élèves une leçon orthographique ou grammaticale, morale ou religieuse.

Enfin, arrivé à la 5e classe, il complète ce qu'il n'a fait qu'ébaucher dans le cours des autres classes.

Lorsque la 1re et la 2e classes arrivent au huitième jour, la 3e au septième, la 4e au sixième, le professeur ne dicte pas; il dit simplement: « *Telle ou telle classe, copiez votre modèle.* » Le jour que les élèves copient leur tableau est spécialement consacré à la lecture; c'est-à-dire, qu'en faisant la correction, le professeur interroge et fait lire les élèves. Les autres jours, il se contente de leur faire lire ou épeler un ou deux mots.

Le nombre de jours pendant lequel les élèves doivent garder chaque tableau n'est pas arrêté ici d'une manière invariable et absolue, les professeurs restent les maîtres de le fixer eux-mêmes; pourvu, toutefois, qu'ils s'arrangent de manière à ce que toutes les classes arrivent en même temps à leur dernier tableau, afin que les élèves qui passent à des classes supérieures n'y trouvent, en y arrivant, que le premier tableau, et non pas le cinquième ou le sixième, etc.

MARCHE DES DICTÉES.

1er JOUR.

1re Dictée.

(Dicter la date du jour aux 2e, 3e, 4e et 5e classes.) (1)

ATTENTION!

5e *CLASSE*, *Écrivez!*

Cette division n'ayant plus besoin de la dictée, on commence par elle, attendu que, n'ayant que son modèle à copier, elle travaille pendant que l'on fait la dictée aux autres divisions.

ATTENTION, 4e CLASSE!

Faites UN ZÉRO VIRGULE; *Attention!* ABSOUDRAIS-TU, etc. (lire la première phrase du modèle).

On a plus tôt *lu* une phrase qu'*épelé* un ou plusieurs mots; c'est donc pour arriver plus promptement à faire travailler les autres divisions, qu'après la 5e on dicte à la 4e, qui doit copier la phrase dictée jusqu'à ce qu'on lui en dicte une autre.

ATTENTION, 1re CLASSE!

Faites PLUSIEURS JAMBAGES DROITS.

L'élève doit faire ces jambages jusqu'à ce qu'on lui dise d'en faire d'autres.

ATTENTION, 2e CLASSE!

Faites UN ZÉRO VIRGULE, *Attention! AIL, écrivez!* A majuscule I-L AIL — UN POINT •

L'élève doit copier ce mot seul jusqu'à ce qu'on lui en *épèle* d'autres.

ATTENTION, 3e CLASSE!

Faites un ZÉRO VIRGULE, *Attention! INDICATIF PRÉSENT.* INDICATIF, *écrivez!* I majuscule N IN, D-I DI, INDI, C-A CA, INDICA, T-I-F TIF, INDICATIF — PRÉSENT, P-R-E accent aigu PRÉ, S-E-N-T SENT, PRÉSENT — UN POINT •

(1) Le professeur doit avoir le soin d'écrire ou de faire écrire la date sur les cahiers des élèves de la 1re classe. Il l'épèle (la date) pour la 2e classe seulement, les trois premiers jours du mois. Afin de séparer le travail du jour de celui de la veille, cette date doit être placée juste *au milieu de la ligne.* Les élèves ne doivent jamais laisser *une ligne inachevée.*

JE SUIS BON. JE, *écrivez* J majuscule E JE — SUIS, S-U-I-S SUIS — BON, B-O-N BON — UN POINT . — JE SUIS BON.

TU ES BEAU. TU, *écrivez* T majuscule U TU — ES, E-S ES — BEAU, B-E-A-U BEAU — UN POINT . — TU ES BEAU.

Le professeur doit épeler assez lentement pour que l'élève puisse le suivre, car ce dernier ne doit faire les lettres qu'au fur et à mesure qu'on les lui dicte; il copie ensuite les phrases dictées jusqu'à ce qu'on lui en dicte d'autres.

ATTENTION, 4e CLASSE!

Faites UN ZÉRO VIRGULE, *Attention!* ACCEPTERAIT-ELLE, etc. (Dicter la seconde phrase du modèle).

L'élève laisse la première dictée et ne s'occupe plus que de la nouvelle.

2e Dictée.

ATTENTION, 1re CLASSE!

Faites PLUSIEURS JAMBAGES AVEC UNE COURBE PAR LE BAS.

L'élève ne doit plus s'occuper que de cette dictée.

ATTENTION, 2e CLASSE!

Faites UN 1 VIRGULE, UN 2 VIRGULE, UN 3 VIRGULE, *Attention! AIR*, *écrivez* A-I-R AIR — UN POINT . — *AIS*, A-I-S AIS — UN POINT . — *ARC*, A-R-C ARC — UN POINT .

L'élève, à cette classe comme aux autres, ne répète jamais les chiffres; mais en laissant la première dictée, il écrit les mots *air, ais, arc*, jusqu'à ce qu'on lui en dicte d'autres.

ATTENTION, 3e CLASSE!

Faites UN 1 VIRGULE, UN 2 VIRGULE, UN 3 VIRGULE, *Attention! IL EST BAS.* IL, *écrivez!* I majuscule L IL — EST, E-S-T EST — BAS, B-A-S BAS — UN POINT. IL EST BAS. *ELLE EST BONNE, BELLE, BASSE.* ELLE, E majuscule L EL, L-E LE, ELLE — EST, E-S-T EST — BONNE, B-O-N BON, N-E NE, BONNE — VIRGULE, BELLE, B-E-L BEL, L-E LE, BELLE — VIRGULE, BASSE, B-A-S BAS, S-E SE, BASSE — UN POINT. ELLE EST BONNE, BELLE, BASSE.

L'élève laisse les deux premières phrases et ne copie plus que les nouvelles.

ATTENTION, 4e CLASSE!

Faites UN 1 VIRGULE, UN 2 VIRGULE, UN 3 VIRGULE, *Attention!* EN ADHÉRANT, etc. (Dicter la 3e phrase du modèle).

3e Dictée.

ATTENTION, 1re CLASSE!

Faites PLUSIEURS JAMBAGES DROITS.

L'élève laisse la 2e dictée et revient à la 1re.

ATTENTION, 2e CLASSE!

Faites UN 4 VIRGULE, — UN 5 VIRGULE, — UN 6 VIRGULE, *Attention!* ***ART***, *écrivez* A-R-T ART — UN POINT. — ***BAC***, B majuscule A-C BAC — UN POINT. — ***BAL***, B-A-L BAL — UN POINT. — ***BAS***, B-A-S BAS — UN POINT.

L'élève laisse la 2e dictée pour ne plus s'occuper que de la 3e.

ATTENTION, 3e CLASSE!

Faites UN 4 VIRGULE, — UN 5 VIRGULE, — UN 6 VIRGULE, *Attention!* ***NOUS SOMMES BLANCS*** NOUS, *écrivez!* N majuscule O-U-S NOUS — SOMMES, S-O-M SOM, M-E-S MES, SOMMES — BLANCS, B-L-A-N-C-S BLANCS — UN POINT. — NOUS SOMMES BLANCS.

VOUS ÊTES BLEUS. VOUS, V majuscule O-U-S VOUS — ÊTES, E accent circonflexe Ê, T-E-S TES, ÊTES — BLEUS, B-L-E-U-S BLEUS — UN POINT. — VOUS ÊTES BLEUS.

ATTENTION, 4e CLASSE!

Faites UN 4 VIRGULE, — UN 5 VIRGULE, — UN 6 VIRGULE, *Attention!* AS-TU ADMIRÉ, etc. (Dicter la 4e phrase du tableau).

4e Dictée.

ATTENTION, 1re CLASSE!

Faites PLUSIEURS JAMBAGES AVEC UNE COURBE PAR LE BAS.

L'élève termine la ligne avec cette dictée, qui est la dernière, et puis, après avoir laissé une ligne en blanc pour séparer la leçon dictée de la leçon copiée, il fait alternativement, jusqu'à la fin de la classe, une ligne de jambages droits, et une ligne de jambages avec courbe par le bas.

ATTENTION, 2e CLASSE!

Faites UN 7 VIRGULE, — UN 8 VIRGULE, — UN 9 UN POINT. *Attention!* ***BÂT***, B-A accent circonflexe T BÂT — UN POINT. — ***BEC***, B-E-C BEC — UN POINT. — ***BUT***, B-U-T BUT — UN POINT. — ***CAP***, C majuscule A-P CAP — UN POINT.

L'élève termine la ligne avec cette dictée, et puis, comme à la 1re classe, il laisse une ligne en blanc, et recopie, jusqu'à la fin de la classe, tous les mots qui ont été épelés pendant les quatre dictées.

ATTENTION, 3e CLASSE!

Faites UN 7 VIRGULE, — UN 8 VIRGULE, — UN 9 UN POINT. *Attention!* ***ILS SONT BLONDS.*** ILS, I majuscule L-S ILS — SONT, S-O-N-T SONT — BLONDS, B-L-O-N-D-S BLONDS — UN POINT. ILS SONT BLONDS.

ELLES SONT BLANCHES, BLEUES, BLONDES. ELLES, E majuscule L EL, L-E-S LES, ELLES — SONT, S-O-N-T SONT — BLANCHES, B-L-A-N BLAN, C-H-E-S CHES, BLANCHES — VIRGULE, — BLEUES, B-L-E-U-E-S BLEUES — VIRGULE, — BLONDES, B-L-O-N BLON, D-E-S DES, BLONDES — UN POINT. ELLES SONT BLANCHES, BLEUES, BLONDES.

L'élève termine sa ligne, puis il écrit le titre du temps qui lui a été dicté, *au milieu* de la ligne suivante, *toujours pour séparer la dictée de la copie*, ensuite il recopie *le temps* ou *les temps* qui lui ont été dictés, jusqu'à la fin de la classe.

ATTENTION, 4e CLASSE!

Faites UN 7 VIRGULE, — UN 8 VIRGULE, — UN 9 UN POINT . *Attention!* AFFIRMES-TU, etc. — ASSURÉMENT, etc. (Dicter les deux dernières phrases du modèle).

Après la dernière dictée et la ligne terminée, l'élève laisse une ligne en blanc, et recopie également, jusqu'à la fin de la classe, toutes les phrases qui lui ont été dictées.

Par la *date* isolée au milieu d'une ligne; par la *ligne laissée en blanc* aux 1res, 2e et 4e classes; par le *titre du temps isolé* (comme la date) au milieu d'une ligne, à la 3e classe, le professeur voit, d'un coup d'œil, où la dictée a commencé, le point juste où elle s'est terminée, et enfin, le moment où l'élève, cessant d'écrire sous la dictée, a commencé à copier son modèle. S'il fait bien observer toutes ces prescriptions, qui peuvent paraître minutieuses, mais qui habituent les élèves à l'ordre, elles faciliteront sa correction, qu'il fera alors rapidement et sans embarras.

Les *nombres* qu'il fait intercaler entre chaque dictée, sont toujours ceux qui se trouvent au bas du modèle qui est en main à la 2e classe.

Ces chiffres ont le double avantage d'initier, peu à peu, les élèves à la connaissance de la numération (1); et d'indiquer, d'une manière presque infaillible, s'ils ont bien ou mal suivi les dictées (2). On ne saurait trop appeler l'attention du professeur sur ce point, car l'épellation étant la leçon de lecture, il est évident que si les élèves écrivent un mot pendant qu'on en épèle un autre, ils n'apprendront pas à lire. Ils ne doivent écrire que ce qu'on leur dicte, *et au moment même.* Ainsi, lorsque le professeur dit : « *Attention, telle classe!* » les élèves doivent s'arrêter, et, *lors même qu'une lettre serait commencée,* ils ne doivent pas l'achever, mais suivre la parole du maître, pour la reproduire aussitôt.

Enfin, dans les quatre dictées dont nous venons de tracer la marche, nous donnons la leçon du premier jour (pour le matin et le soir). Dans les tableaux synoptiques, on trouve le travail tracé jour par jour, jusqu'au dernier. Nous devons toutefois faire remarquer que, sauf à la 4e classe, à laquelle on a dicté tout le tableau, on n'a fait faire qu'une partie de chaque modèle aux autres divisions, attendu que, l'élève devant le garder un nombre de jour déterminé, le professeur doit diviser ce modèle de telle manière, que l'élève ait fait tout ce qui s'y trouve lorsqu'il arrive au dernier jour. Nous allons tâcher de rendre cette explication plus intelligible.

Le premier modèle de la 1re classe est composé de cinq lignes de *figures* ou *signes*. L'élève doit le garder huit jours.

Il restera :	sur la 1re et la 2e ligne,	2 jours.
	sur la 3e et la 4e ligne,	2
	sur la 4e et la 5e ligne,	2
	Total. . .	6 jours.

Le septième et le huitième jour sont employés à copier le modèle sans dictée.

(1) M. de Villars vient de terminer, et va publier, pour compléter son système d'instruction primaire, une *Méthode d'Arithmétique*, en tout identique, quant au moyen d'application, avec sa méthode élémentaire.

(2) Pour rendre ceci plus intelligible, nous donnons, à la suite des tableaux synoptiques, quelques leçons où les dictées ont été suivies, et d'autres où elles ne l'ont pas été.

Les modèles de la 2e classe sont divisés en deux parties :

L'élève reste trois jours sur la première partie, trois jours sur la deuxième, et copie le modèle le septième et le huitième.

Le premier modèle de la 3e classe est composé de quatre temps (1).

L'élève reste :	sur le 1er temps,	2 jours.
	sur le 2e temps,	2
	sur le 3e temps,	1
	sur le 4e temps,	1
	Total. . .	6 jours.

L'élève copie le modèle tout entier, sans dictée, le septième jour.

Les élèves de la 4e classe, auxquels on dicte chaque jour le modèle tout entier, le copient le 6e jour sans dictée.

MANIÈRE D'ÉPELER

AVEC LES SIGNES ORTHOGRAPHIQUES.

J'AI ÉTÉ A PARIS. J'AI, J majuscule apostrophe A-I J'AI — ÉTÉ, E accent aigu É, T-E accent aigu TÉ, ÉTÉ — A accent grave À — PARIS, P majuscule A PA, R-I-S RIS, PARIS — UN POINT . J'AI ÉTÉ A PARIS,

J'ÉTAIS. J majuscule apostrophe E accent aigu J'É, T-A-I-S TAIS, J'ÉTAIS — UN POINT .

PROCÈS. P-R-O PRO, C-E accent grave S CÈS, PROCÈS — UN POINT .

MÊME. M-E accent circonflexe MÊ, M-E ME, MÊME — UN POINT .

RANÇON. R-A-N RAN, C cédille O-N ÇON, RANÇON — UN POINT .

CIGUË. C-I CI, G-U-E tréma GUË, CIGUË — UN POINT.

PLUS-QUE-PARFAIT. P majuscule L-U-S PLUS trait-d'union -, Q-U-E QUE, PLUS-QUE trait-d'union -, P-A-R PAR, PLUS-QUE-PAR, F-A-I-T FAIT, PLUS-QUE-PARFAIT — UN POINT .

A-T-IL ÉTÉ? A-T-IL, A trait-d'union -, T trait-d'union -, I-L IL, A-T-IL — ÉTÉ, E accent aigu É, T-E accent aigu TÉ, ÉTÉ, A-T-IL ÉTÉ — POINT D'INTERROGATION ?

(1) Il y a des modèles qui se composent d'un plus grand nombre de temps, mais la division en est faite dans les tableaux synoptiques.

1re DICTÉE.

noncer la date.) ——— *Attention!* ——— 5e CLASSE, *écrivez!* . . . . ——— *Attention*, 4e CLASSE! *Faites* un zéro virgule, *Attention!* absoudrais-tu, etc.

Attention, 1re CLASSE!	*Attention*, 2e CLASSE!	*Attention*, 3e CLASSE!	*Attention*, 4e CLASSE!
Faites plusieurs jambages droits.	*Faites* un zéro virgule, *Attention!* Ail.	*Faites* un zéro virgule, *Attention!* INDICATIF PRÉSENT. Je suis bon. — Tu es beau.	*Faites* un zéro virgule, *Attention!* accepterait-elle, etc.

2e DICTÉE.

Attention, 1re CLASSE!	*Attention*, 2e CLASSE!	*Attention*, 3e CLASSE!	*Attention*, 4e CLASSE!
aites plusieurs jambages avec courbe par le bas.	*Faites* un 1 virgule, un 2, un 3, *Attention!* air, ais, arc.	*Faites* un 1 virgule, un 2, un 3, *Attention!* Il est bas. — Elle est bonne, belle, basse.	*Faites* un 1 virgule, un 2, un 3, *Attention!* en adhérant, etc.

3e DICTÉE.

Attention, 1re CLASSE!	*Attention*, 2e CLASSE!	*Attention*, 3e CLASSE!	*Attention*, 4e CLASSE!
Faites plusieurs jambages droits.	*Faites* un 4, un 5, un 6, *Attention!* art. Bac, bal, bas.	*Faites* un 4, un 5, un 6, *Attention!* Nous sommes blancs. — Vous êtes bleus.	*Faites* un 4, un 5, un 6, *Attention!* as-tu admiré, etc.

4e DICTÉE.

Attention, 1re CLASSE!	*Attention*, 2e CLASSE!	*Attention*, 3e CLASSE!	*Attention*, 4e CLASSE!
aites plusieurs jambages avec courbe par le bas.	*Faites* un 7, un 8, un 9, *Attention!* bât, bec, but. Cap.	*Faites* un 7, un 8, un 9, *Attention!* Ils sont blonds. — Elles sont blanches, bleues, blondes.	*Faites* un 7, un 8, un 9, *Attention!* assurément, etc. — affirmes-tu, etc.

'OTA. *Tous les mots*, jusqu'à la troisième Classe inclusivement, doivent être épelés de la manière indiquée à la 1re leçon; pendant l'épellation, tous les signes *orthographiques* doivent être énoncés; en est de même de la ponctuation.

1re Classe. (no 1.) 3e *Jour.*	2e Classe. (no 1.) 3e *Jour.*	3e Classe. (no 1.) 3e *Jour.*	4e Classe. (no 1.) 3e *Jour*

1re DICTÉE.

(Annoncer la date.) ——— *Attention!* ——— 5e Classe, *écrivez!* . . . . ——— *Attention*, 4e Classe! *Faites* un zéro virgule, *Attention!* absoudrais-tu, etc

Attention, 1re Classe!	*Attention*, 2e Classe!	*Attention*, 3e Classe!	*Attention*, 4e Classe!
Faites plusieurs jambages avec courbe par le haut.	*Faites* un zéro virgule, *Attention!* Ail.	*Faites* un zéro virgule, *Attention!* Imparfait. J'étais brun. — Tu étais bref.	*Faites* un zéro virgule, *Attention!* accepterait-elle, etc.

2e DICTÉE.

Attention, 1re Classe!	*Attention*, 2e Classe!	*Attention*, 3e Classe!	*Attention*, 4e Classe!
Faites plusieurs jambages avec courbe par le haut et par le bas.	*Faites* un 1 virgule, un 2, un 3, *Attention!* air, ais, arc.	*Faites* un 1 virgule, un 2, un 3, *Attention!* Il était cher. — Elle brune, brève, chère.	*Faites* un 1 virgule, un 2, un 3, *Attention* en adhérant, etc.

3e DICTÉE.

Attention, 1re Classe!	*Attention*, 2e Classe!	*Attention*, 3e Classe!	*Attention*, 4e Classe!
Faites plusieurs jambages avec courbe par le haut.	*Faites* un 4, un 5, un 6, *Attention!* art. Bac, bal, bas.	*Faites* un 4, un 5, un 6, *Attention!* Nous étions clos. — Vous étiez clairs.	*Faites* un 4, un 5, un 6, *Attention!* as-tu admiré, etc.

4e DICTÉE.

Attention, 1re Classe!	*Attention*, 2e Classe!	*Attention*, 3e Classe!	*Attention*, 4e Classe!
Faites plusieurs jambages avec courbe par le haut et par le bas.	*Faites* un 7, un 8, un 9, *Attention!* bât, bec, but. Cap.	*Faites* un 7, un 8, un 9, *Attention!* Ils étaient doux. — Elles étaient closes, claires, douces.	*Faites* un 7, un 8, un 9, *Attention!* affirmes-tu, etc. — assurément. etc.

4e JOUR.

1re CLASSE. (no 1.) 4e JOUR.	2e CLASSE. (n. 1.) 4e JOUR.	3e CLASSE. (no 1.) 4e JOUR.	4e CLASSE. (no 1.) 4e JOUR.

1re DICTÉE.

(Annoncer la date.) ——— *Attention!* ——— 5e CLASSE, *écrivez!* . . . . ——— *Attention*, 4e CLASSE! *Faites* un zéro virgule, *Attention!* absoudrais-tu, etc.

Attention, 1re Classe!	*Attention*, 2e CLASSE!	*Attention*, 3e CLASSE!	*Attention*, 4e CLASSE!
Faites plusieurs jambages avec courbe par le bas.	*Faites* un zéro virgule, *Attention!* Cep.	*Faites* un zéro virgule, *Attention!* IMPARFAIT. J'étais brun. — Tu étais bref.	*Faites* un zéro virgule, *Attention!* accepterait-elle, etc.

2e DICTÉE.

Attention, 1re CLASSE!	*Attention*, 2e CLASSE!	*Attention*, 3e CLASSE!	*Attention*, 4e CLASSE!
Faites plusieurs jambages avec courbe par le haut et par le bas.	*Faites* un 1 virgule, un 2, un 3, *Attention!* cil, coq, cor.	*Faites* un 1 virgule, un 2, un 3, *Attention!* Il était cher. — Elle était brune, brève, chère.	*Faites* un 1 virgule, un 2, un 3, *Attention!* en adhérant, etc.

3e DICTÉE.

Attention, 1re CLASSE!	*Attention*, 2e CLASSE!	*Attention*, 3e CLASSE!	*Attention*, 4e CLASSE!
Faites plusieurs jambages avec courbe par le bas.	*Faites* un 4, un 5, un 6, *Attention!* cou, cri. Dix, don.	*Faites* un 4, un 5, un 6, *Attention!* Nous étions clos. — Vous étiez clairs.	*Faites* un 4, un 5, un 6, *Attention!* as-tu admiré, etc.

4e DICTÉE.

Attention, 1re CLASSE!	*Attention*, 2e CLASSE!	*Attention*, 3e CLASSE!	*Attention*, 4e CLASSE!
Faites plusieurs jambages avec courbe par le haut et par le bas.	*Faites* un 7, un 8, un 9, *Attention!* dos, dot, duc. Fat.	*Faites* un 7, un 8, un 9, *Attention!* Ils étaient doux. — Elles étaient closes, claires, douces.	*Faites* un 7, un 8, un 9, *Attention!* affirmes-tu, etc. — assurément, etc.

5e *JOUR.*

1re Classe. (n. 1.) 5e *Jour.*	2e Classe. (no 1.) 5e *Jour.*	3e Classe. (no 1.) 5e *Jour.*	4e Classe. (n. 1.) 5e *Jour.*

1re DICTÉE.

(Annoncer la date.) ——— *Attention!* ——— 5e Classe, *écrivez!* . . . . ——— *Attention*, 4e Classe! *Faites* un zéro virgule, *Attention!* absoudrais-tu, etc.

Attention, 1re Classe!	*Attention*, 2e Classe!	*Attention*, 3e Classe!	*Attention*, 4e Classe!
Faites plusieurs jambages bouclés par le haut et par le bas.	*Faites* un zéro, *Attention!* Cep.	*Faites* un zéro, *Attention!* Parfait-défini. Je fus dur. — Tu fus fier.	*Faites* un 0, *Attention!* accepterait-elle, etc.

2e DICTÉE.

Attention, 1re Classe!	*Attention*, 2e Classe!	*Attention*, 3e Classe!	*Attention*, 4e Classe!
Faites plusieurs jambages avec courbe par le haut et par le bas.	*Faites* un 1, un 2, un 3, *Attention!* cil, coq, cor.	*Faites* un 1, un 2, un 3, *Attention!* Il fut faux. — Elle fut dure, fière, fausse.	*Faites* un 1, un 2, un 3, *Attention!* en adhérant, etc.

3e DICTÉE.

Attention, 1re Classe!	*Attention*, 2e Classe!	*Attention*, 3e Classe!	*Attention*, 4e Classe!
Faites plusieurs jambages bouclés par le haut et par le bas.	*Faites* un 4, un 5, un 6, *Attention!* cou, cri. Dix, don.	*Faites* un 4, un 5, un 6, *Attention!* Nous fûmes fins. — Vous fûtes forts.	*Faites* un 4, un 5, un 6, *Attention!* as-tu admiré, etc.

4e DICTÉE.

Attention, 1re Classe!	*Attention*, 2e Classe!	*Attention*, 3e Classe!	*Attention*, 4e Classe!
Faites plusieurs jambages avec courbe par le haut et par le bas.	*Faites* un 7, un 8, un 9, *Attention!* dos, dot, duc. Fat.	*Faites* un 7, un 8, un 9, *Attention!* Ils furent fous. — Elles furent fines, fortes, folles.	*Faites* un 7, un 8, un 9, *Attention!* affirmes-tu, etc. — assurément.

1re CLASSE. (no 1.) 6e *Jour.*	2e CLASSE. (no 1.) 6e *Jour.*	3e CLASSE. (no 1.) 6e *Jour.*	4e CLASSE. (no 1.) 6e *Jour.*
1re DICTÉE.			
(Annoncer la date.) —— *Attention!* —— 5e CLASSE, *écrivez!* . . .			
4e CLASSE, *copiez votre modèle !*			
Attention, 1re CLASSE !	*Attention*, 2e CLASSE !	*Attention*, 3e CLASSE !	
Faites plusieurs jambages bouclés par le haut et par le bas.	*Faites* un zéro, *Attention !* Cep.	*Faites* un zéro, *Attention !* PARFAIT-INDÉFINI. J'ai été franc. — Tu as été frais.	» »
2e DICTÉE.			
Attention, 1re CLASSE !	*Attention*, 2e CLASSE !	*Attention*, 3e CLASSE !	
Faites plusieurs jambages avec courbe par le haut et par le bas.	*Faites* un 1, un 2, un 3, *Attention !* cil, coq, cor.	*Faites* un 1, un 2, un 3. *Attention !* Il a été froid. — Elle a été fraîche, franche, froide.	» »
3e DICTÉE.			
Attention, 1re CLASSE !	*Attention*, 2e CLASSE !	*Attention*, 3e CLASSE !	
Faites plusieurs jambages bouclés par le haut et par le bas.	*Faites* un 4, un 5, un 6, *Attention !* cou, cri. Dix, don.	*Faites* un 4, un 5, un 6. *Attention !* Nous avons été gais. — Vous avez été grands.	» »
4e DICTÉE.			
Attention, 1re CLASSE !	*Attention*, 2e CLASSE !	*Attention*, 3e CLASSE !	
Faites plusieurs jambages avec courbe par le haut et par le bas.	*Faites* un 7, un 8, un 9, *Attention !* dos, dot, duc. Fat.	*Faites* un 7, un 8, un 9, *Attention !* Ils ont été gras. — Elles ont été gaies, grandes, grasses.	» »

7e *JOUR.*

1re Classe. (no 2.) 1er *Jour.*	2e Classe. (no 1.) 7e *Jour.*	3e Classe. (no 1.) 7e *Jour.*	4e Classe. (no 2.) 1er *Jour.*
1re DICTÉE. *Attention!* ——— 5e Classe, *écrivez!* . . . . . . 1re, 2e et 3e Classes, *copiez vos modèles!*			
» »	» »	» »	*Attention,* 4e Classe! *Faites* un zéro, *Attention!* allâtes-vous, etc.
2e DICTÉE.			
» »	» »	» »	*Attention,* 4e Classe! *Faites* un 1, un 2, un 3, *Attention!* amputerez-vous, etc.
3e DICTÉE.			
» »	» »	» »	*Attention,* 4e Classe! *Faites* un 4, un 5, un 6, *Attention!* en agglomérant, etc.
4e DICTÉE.			
» »	» »	» »	*Attention,* 4e Classe! *Faites* un 7, un 8, un 9, *Attention!* appréhende, etc. — je balançai, etc. ce bonhomme, etc.

8e *JOUR.*

1re CLASSE. (no 1.) 8e *Jour.*	2e CLASSE. (n. 1.) 8e *Jour.*	3e CLASSE. (no 2.) 1re *Jour.*	4e CLASSE. (n. 2.) 2e *Jour.*
1re DICTÉE.			
Attention! ——— 5e CLASSE, *écrivez!* .... ——— *Attention,* 4e CLASSE! *Écrivez* le nombre 10, *Attention!* allâtes-vous, etc. 1re et 2e CLASSES, *copiez vos modèles !*			
» »	» »	*Attention,* 3e CLASSE! *Écrivez* le nombre 10, *Attention!* PARFAIT ANTÉRIEUR. J'eus été grec. — Tu eus été gris.	*Attention,* 4e CLASSE! *Écrivez* le nombre 10, *Attention!* amputerez-vous, etc.
2e DICTÉE.			
» »	» »	*Attention,* 3e CLASSE! *Écrivez* le nombre 11, 12, 13, *Attention!* Il eut été gros. — Elle eut été grecque, grise, grosse.	*Attention,* 4e CLASSE! *Écrivez* le nombre 11, 12, 13, *Attention!* en agglomérant, etc.
3e DICTÉE.			
» »	» »	*Attention,* 3e CLASSE! *Écrivez* le nombre 14, 15, 16, *Attention!* Nous eûmes été hauts. — Vous eûtes été laids.	*Attention,* 4e CLASSE! *Écrivez* le nombre 14, 15, 16, *Attention!* apprébende, etc.
4e DICTÉE.			
» »	» »	*Attention,* 3e CLASSE! *Écrivez* le nombre 17, 18, 19, *Attention!* Ils eurent été lents. — Elles eurent été hautes, laides, lentes.	*Attention,* 4e CLASSE! *Écrivez* le nombre 17, 18, 19, *Attention!* je Balançai, etc. — ce bonhomme, etc.

9e JOUR.

1re Classe. (no 2.) 1er Jour. 2e Classe. (no 2.) 1er Jour. 3e Classe. (no 2.) 2e Jour. 4e Classe. (no 2.) 3e Jour.

1re DICTÉE.

Attention! ———— 5e Classe, *écrivez!* . . . . ———— *Attention*, 4e Classe! *Écrivez* le nombre 10, *Attention!* allâtes-vous, etc.

Attention, 1re Classe!	*Attention*, 2e Classe!	*Attention*, 3e Classe!	*Attention*, 4e Classe!
Faites plusieurs fois la lettre ou la voyelle *i*.	*Écrivez* le nombre 10, un 1 et un zéro virgule, *Attention!* fer.	*Écrivez* le nombre 10, *Attention!* Plus-que-parfait. J'avais été las. — Tu avais été long.	*Écrivez* le nombre 10, *Attention!* amputerez-vous, etc.

2e DICTÉE.

Attention, 1re Classe!	*Attention*, 2e Classe!	*Attention*, 3e Classe!	*Attention*, 4e Classe!
Faites plusieurs fois la voyelle *u*.	*Écrivez* le nombre 11. deux 1; 12, un 1 et un 2; 13, un 1 et un 3, *Attention!* feu, fil, foi.	*Écrivez* le nombre 11, 12, 13, *Attention!* Il avait été mou. — Elle avait été lasse, longue, molle.	*Écrivez* le nombre 11, 12, 13, *Attention* en agglomérant, etc.

3e DICTÉE.

Attention, 1re Classe!	*Attention*, 2e Classe!	*Attention*, 3e Classe!	*Attention*, 4e Classe!
Faites plusieurs fois la voyelle *i*.	*Écrivez* le nombre 14, un 1 et un 4; 15, un 1 et un 5; 16, un 1 et un 6; *Attention!* Gaz, glu, gré, gué.	*Écrivez* le nombre 14, 15, 16, *Attention!* Nous avions été mûrs. — Vous aviez été nuls.	*Écrivez* le nombre 14, 15, 16, *Attention* appréhende, etc.

4e DICTÉE.

Attention, 1re Classe!	*Attention*, 2e Classe!	*Attention*, 3e Classe!	*Attention*, 4e Classe!
Faites plusieurs fois la voyelle *u*.	*Écrivez* le nombre 17, un 1 et un 7; 18, un 1 et un 8; 19, un 1 et un 9, *Attention!* Hie. Jars, jeu, jus.	*Écrivez* le nombre 17, 18, 19, *Attention!* Ils avaient été noirs. — Elles avaient été mûres, nulles, noires	*Écrivez* le nombre 17, 18, 19, *Attention* je Balançai, etc. — ce bonhomme, etc.

10e JOUR.

1re CLASSE. (n. 2.) 2e JOUR.	2e CLASSE. (n. 2.) 2e JOUR.	3e CLASSE. (n. 2.) 3e JOUR.	4e CLASSE. (n. 2.) 4e JOUR.
	1re DICTÉE.		
Attention! ——————	5e CLASSE, *écrivez!* . . . . ——————	*Attention*, 4e CLASSE! *Écrivez* le nombre 10, *Attention!* allâtes-vous, etc.	
Attention, 1re CLASSE! Faites plusieurs fois la lettre ou la voyelle *o*.	*Attention*, 2e CLASSE! *Écrivez* le nombre 10, un 1 et un zéro, *Attention!* fer.	*Attention*, 3e CLASSE! *Écrivez* le nombre 10, *Attention!* FUTUR. Je serai plaint. — Tu seras plein.	*Attention*, 4e CLASSE! *Écrivez* le nombre 10, *Attention!* amputerez-vous, etc,
	2e DICTÉE.		
Attention, 1re CLASSE! *Faites* plusieurs fois la voyelle *a*.	*Attention*, 2e CLASSE! *Écrivez* le nombre 11, 12, 13, *Attention!* feu, fil, foi.	*Attention*, 3e CLASSE! *Écrivez* le nombre 11, 12, 13, *Attention!* Il sera pur. — Elle sera plainte, pleine, pure.	*Attention*, 4e CLASSE! *Écrivez* le nombre 11, 12, 13, *Attention!* en agglomérant, etc.
	3e DICTÉE.		
Attention, 1re CLASSE! *Faites* plusieurs fois la voyelle *o*.	*Attention*, 2e CLASSE! *Écrivez* le nombre 14, 15, 16, *Attention!* Gaz, glu, gré, gué.	*Attention*, 3e CLASSE! *Écrivez* le nombre 14, 15, 16, *Attention!* Nous serons ronds. — Vous serez secs.	*Attention*, 4e CLASSE! *Écrivez* le nombre 14, 15, 16, *Attention!* appréhende, etc.
	4e DICTÉE.		
Attention, 1re CLASSE! *Faites* plusieurs fois la voyelle *a*.	*Attention*, 2e CLASSE! *Écrivez* le nombre 17, 18, 19, *Attention!* Hie. Jars, jeu, jus.	*Attention*, 3e CLASSE! *Écrivez* le nombre 17, 18, 19, *Attention!* Ils seront sots. — Ellè seront rondes, sèches, sottes.	*Attention*, 4e CLASSE! *Écrivez* le nombre 17, 18, 19, *Attention!* je Balançai, etc.— ce bonhomme, etc.

11e *JOUR.*

1re CLASSE. (n° 2) 3e *Jour.*	2e CLASSE. (n° 2.) 3e *Jour.*	3e CLASSE. (n° 2.) 4e *Jour.*	4e CLASSE. (n° 2.) 5e *Jour.*

1re DICTÉE.

Attention! ———— 5e CLASSE, *écrivez!* . . . . ———— *Attention,* 4e CLASSE! *Écrivez* le nombre 10, *Attention!* allâtes-vous, etc.

Attention, 1re CLASSE!	*Attention,* 2e CLASSE!	*Attention,* 3e CLASSE!	*Attention,* 4e Classe!
Faites plusieurs fois la lettre ou la consonne *c.*	*Écrivez* le nombre 10, *Attention!* fer.	*Écrivez* le nombre 10, *Attention!* FUTUR ANTÉRIEUR. J'aurai été sain. — Tu auras été saint.	*Écrivez* le nombre 10, *Attention!* amputerez-vous, etc.

2e DICTÉE.

Attention, 1re CLASSE!	*Attention,* 2e CLASSE!	*Attention,* 3e CLASSE!	*Attention,* 4e CLASSE!
Faites plusieurs fois la voyelle *a.*	*Écrivez* le nombre 11, 12, 13, *Attention!* feu, fil, foi.	*Écrivez* le nombre 11, 12, 13, *Attention!* Il aura été sauf. — Elle aura été saine, sainte, sauve.	*Écrivez* le nombre 11, 12, 13, *Attention!* en agglomérant, etc

3e DICTÉE.

Attention, 1re CLASSE!	*Attention,* 2e CLASSE!	*Attention,* 3e CLASSE!	*Attention,* 4e CLASSE!
Faites plusieurs fois la voyelle *c.*	*Écrivez* le nombre 14, 15, 16, *Attention!* Gaz, glu, gré, gué.	*Écrivez* le nombre 14, 15, 16, *Attention!* Nous aurons été serfs. — Vous aurez été seuls.	*Écrivez* le nombre 14, 15, 16, *Attention!* appréhende, etc.

4e DICTÉE.

Attention, 1re CLASSE!	*Attention,* 2e CLASSE!	*Attention,* 3e CLASSE!	*Attention,* 4e CLASSE!
Faites plusieurs fois la voyelle *a.*	*Écrivez* le nombre 17, 18, 19, *Attention!* Hie. Jars, jeu, jus.	*Écrivez* le nombre 17, 18, 19, *Attention!* Ils auront été sourds. — Elles auront été serves, seules, sourdes.	*Écrivez* le nombre 17, 18, 19, *Attention!* je Balançai, etc. — ce bonhomme. etc.

12e JOUR.

1re Classe. (no 2.) 4e Jour.	2e Classe. (n. 2.) 4e Jour.	3e Classe. (no 2.) 5e Jour.	4e Classe. (no 2.) 6e Jour.

1re DICTÉE.

Attention! —————— 5e Classe, *écrivez!* . . . . . .

4e Classe, *copiez votre modèle!*

Attention, 1re Classe! *Faites* plusieurs fois la voyelle *e*.	*Attention*, 2e Classe! *Écrivez* le nombre 10, *Attention!* Kan.	*Attention*, 3e Classe! *Écrivez* le nombre 10, *Attention!* Conditionnel présent. Je serais sûr. — Tu serais tel.	» »

2e DICTÉE.

Attention, 1re Classe! *Faites* plusieurs fois la consonne *n*.	*Attention*, 2e Classe! *Écrivez* le nombre 11, 12, 13, *Attention!* Lac, lie, lin.	*Attention*, 3e Classe! *Écrivez* le nombre 11, 12, 13, *Attention!* Il serait tors. — Elle serait sûre, telle, torse.	» »

3e DICTÉE.

Attention, 1re Classe! *Faites* plusieurs fois la voyelle *e*.	*Attention*, 2e Classe! *Écrivez* le nombre 14, 15, 16, *Attention!* lit, loi, lot. Mai.	*Attention*, 3e Classe! *Écrivez* le nombre 14, 15, 16, *Attention!* Nous serions turcs. — Vous seriez vains.	» »

4e DICTÉE.

Attention, 1re Classe! *Faites* plusieurs fois la consonne *n*.	*Attention*, 2e Classe! *Écrivez* le nombre 17, 18, 19, *Attention!* mal, mât, mer, mou.	*Attention*, 3e Classe! *Écrivez* le nombre 17, 18, 19, *Attention!* Ils seraient verts. — Elles seraient turques, vaines, vertes.	» »

13e JOUR.

1re Classe. (n. 2.) 5e *Jour.*	2e Classe. (no 2.) 5e *Jour.*	3e Classe. (no 2.) 6e *Jour.*	4e Classe. (n. 3.) 1er *Jour.*

1re DICTÉE.

Attention! ———— 5e Classe, *écrivez!* . . . . ———— *Attention,* 4e Classe! *Écrivez* le nombre 10, *Attention!* je blâmerais, etc.

Attention, 1re Classe!	*Attention,* 2e Classe!	*Attention,* 3e Classe!	*Attention,* 4e Classe!
Faites plusieurs fois la consonne *m.*	*Écrivez* le nombre 10, *Attention!* Kan.	*Écrivez* le nombre 10, *Attention!* Conditionnel passé. J'aurais été veuf. — Tu aurais été vif.	*Écrivez* le nombre 10, *Attention!* à Benjamin, etc.

2e DICTÉE.

Attention, 1re Classe!	*Attention,* 2e Classe!	*Attention,* 3e Classe!	*Attention,* 4e Classe!
Faites plusieurs fois la consonne *v.*	*Écrivez* le nombre 11, 12, 13, *Attention!* Lac, lie, lin.	*Écrivez* le nombre 11, 12, 13, *Attention!* Il aurait été vieux. — Elle aurait été veuve, vive, vieille.	*Écrivez* le nombre 11, 12, 13, *Attention!* Barcelonne, etc.

3e DICTÉE.

Attention, 1re Classe!	*Attention,* 2e Classe!	*Attention,* 3e Classe!	*Attention,* 4e Classe!
Faites plusieurs fois la consonne *m.*	*Écrivez* le nombre 14, 15, 16, *Attention!* lit, loi, lot. Mai.	*Écrivez* le nombre 14, 15, 16, *Attention!* Nous aurions été vils. — Vous auriez été vrais.	*Écrivez* le nombre 14, 15, 16, *Attention!* mon bisaïeul, etc.

4e DICTÉE.

Attention, 1re Classe!	*Attention,* 2e Classe!	*Attention,* 3e Classe!	*Attention,* 4e Classe!
Faites plusieurs fois la consonne *v.*	*Écrivez* le nombre 17, 18, 19, *Attention!* mal, mât, mer, mou.	*Écrivez* le nombre 17, 18, 19, *Attention!* Ils auraient été courts. — Elles auraient été viles, vraies, courtes.	*Écrivez* le nombre 17, 18, 19, *Attention!* tu brosseras, etc. — quel brouhaha, etc

14e JOUR.

1re CLASSE. (no 2.) 6e JOUR.	2e CLASSE. (no 2.) 6e JOUR.	3e CLASSE. (no 2.) 7e JOUR.	4e CLASSE. (no 3.) 2e JOUR.

1re DICTÉE.

Attention! ——— 5e CLASSE, *écrivez!* . . . . ——— *Attention*, 4e CLASSE! *Écrivez* le nombre 10, *Attention!* je blâmerais, etc.

3e CLASSE, *copiez votre modèle!*

Attention, 1re CLASSE!	*Attention*, 2e CLASSE!		*Attention*, 4e CLASSE!
Faites plusieurs fois le double *w*.	*Écrivez* le nombre 10, *Attention!* Kan.	» »	*Écrivez* le nombre 10, *Attention!* à Benjamin, etc.

2e DICTÉE.

Attention, 1re CLASSE!	*Attention*, 2e CLASSE!		*Attention*, 4e CLASSE!
Faites plusieurs fois la consonne *v*.	*Écrivez* le nombre 11, 12, 13, *Attention!* Lac, lie, lin.	» »	*Écrivez* le nombre 11, 12, 13, *Attention!* Barcelone, etc.

3e DICTÉE.

Attention, 1re CLASSE!	*Attention*, 2e CLASSE!		*Attention*, 4e CLASSE!
Faites plusieurs fois le double *w*.	*Écrivez* le nombre 14, 15, 16, *Attention!* lit, loi, lot. Mai.	» »	*Écrivez* le nombre 14, 15, 16, *Attention!* mon bisaïeul, etc.

4e DICTÉE.

Attention, 1re CLASSE!	*Attention*, 2e CLASSE!		*Attention*, 4e CLASSE!
Faites plusieurs fois la consonne *v*.	*Écrivez* le nombre 17, 18, 19, *Attention!* mal, mât, mer, mou.	» »	*Écrivez* le nombre 17, 18, 19, *Attention!* tu brosseras, etc. — quel brouhaha, etc.

15e JOUR.

1re Classe. (no 2.) 7e Jour.	2e Classe. (no 2.) 7e Jour.	3e Classe. (no 3.) 1er Jour.	4e Classe. (no 3.) 3e Jour.
	1re DICTÉE.		
Attention! ——— 5e Classe, *écrivez!* . . . . . ——— *Attention*, 4e Classe! *Écrivez* le nombre 10, *Attention!* je blâmerais, etc.			
1re et 2e Classes, *copiez vos modèles!*			
» »	» »	*Attention*, 3e Classe! *Écrivez* le nombre 10, *Attention!* Impératif. Impératif, etc.	*Attention*, 4e Classe! *Écrivez* le nombre 10, *Attention!* à Benjamin, etc.
	2e DICTÉE.		
» »	» »	*Attention*, 3e Classe! *Écrivez* le nombre 11, 12, 13, *Attention!* Sois neuf, neuve.	*Attention*, 4e Classe! *Écrivez* le nombre 11, 12, 13, *Attention* Barcelonne, etc.
	3e DICTÉE.		
» »	» »	*Attention*, 3e Classe! *Écrivez* le nombre 14, 15, 16, *Attention!* Soyons humbles.	*Attention*, 4e Classe! *Écrivez* le nombre 14, 15, 16, *Attention* mon bisaïeul, etc.
	4e DICTÉE.		
» »	» »	*Attention*, 3e Classe! *Écrivez* le nombre 17, 18, 19, *Attention!* Soyez propres.	*Attention*, 4e Classe! *Écrivez* le nombre 17, 18, 19, *Attention* tu brosseras, etc. — quel brouhaha, etc.

16e JOUR.

1re Classe. (no 2.) 8e Jour.	2e Classe. (n. 2.) 8e Jour.	3e Classe. (no 3.) 2e Jour.	4e Classe. (n. 3.) 4e Jour.

1re DICTÉE.

Attention! ———— 5e Classe, *écrivez!* .... ———— *Attention*, 4e Classe! *Écrivez* le nombre 10, *Attention!* je blâmerais, etc.

1re et 2e Classes, *copiez vos modèles!*

1re Classe	2e Classe	3e Classe	4e Classe
» »	» »	*Attention*, 3e Classe! *Écrivez* le nombre 10, *Attention!* Subjonctif présent. que je sois cru. — que tu sois mort.	*Attention*, 4e Classe! *Écrivez* le nombre 10, *Attention!* à Benjamin, etc.

2e DICTÉE.

1re Classe	2e Classe	3e Classe	4e Classe
» »	» »	*Attention*, 3e Classe! *Écrivez* le nombre 11, 12, 13, *Attention!* qu'il soit creux. — qu'elle soit crue, morte, creuse.	*Attention*, 4e Classe! *Écrivez* le nombre 11, 12, 13, *Attention!* Barcelonne, etc.

3e DICTÉE.

1re Classe	2e Classe	3e Classe	4e Classe
» »	» »	*Attention*, 3e Classe! *Écrivez* le nombre 14, 15, 16, *Attention!* que n. soyons lourds. — que v. soyez mats.	*Attention*, 4e Classe! *Écrivez* le nombre 14, 15, 16, *Attention!* mon bisaïeul, etc.

4e DICTÉE.

1re Classe	2e Classe	3e Classe	4e Classe
» »	» »	*Attention*, 3e Classe! *Écrivez* le nombre 17, 18, 19, *Attention!* qu'ils soient roux. — qu'elles soient lourdes mattes, rousses.	*Attention*, 4e Classe! *Écrivez* le nombre 17, 18, 19, *Attention!* tu brosseras, etc. — quel brouhaha, etc.

17e JOUR.

1re Classe. (no 3) 1er Jour.	2e Classe. (no 3.) 1er Jour.	3e Classe. (no 3.) 3e Jour.	4e Classe. (no 5.) 5e Jour.

1re DICTÉE.

Attention! ——— 5e Classe, *écrivez!* . . . . ——— *Attention*, 4e Classe! *Écrivez* le nombre 20, *Attention!* je blâmerais, etc.

Attention, 1re Classe! *Faites* plusieurs fois la consonne *t*.	*Attention*, 2e Classe! *Écrivez* le nombre 20, un 2 et un zéro virgule, *Attention!* mur.	*Attention*, 3e Classe! *Écrivez* le nombre 20, *Attention!* Imparfait. que je fusse trahi. — que tu fusses mutin.	*Attention*, 4e Classe! *Écrivez* le nombre 20, *Attention!* à Benjamin, etc.

2e DICTÉE.

Attention, 1re Classe! *Faites* plusieurs fois la consonne *l*.	*Attention*, 2e Classe! *Écrivez* le nombre 21, un 2 et un 1; 22, deux 2; 23, un 2 et un 3; *Attention!* Nef, nez, nid.	*Attention*, 3e Classe! *Écrivez* le nombre 21, 22, 23, *Attention!* qu'il fut câlin. — qu'elle fut trahie, maligne, câline.	*Attention*, 4e Classe! *Écrivez* le nombre 21, 22, 23, *Attention!* Barcelonne, etc.

3e DICTÉE.

Attention, 1re Classe! *Faites* plusieurs fois la consonne *t*.	*Attention*, 2e Classe! *Écrivez* le nombre 24, 25, 26, *Attention!* nom, nue. Oie. Pal.	*Attention*, 3e Classe! *Écrivez* le nombre 24, 25, 26, *Attention!* que n. fussions bénins. — que v. fussiez humains.	*Attention*, 4e Classe! *Écrivez* le nombre 24, 25, 26, *Attention!* mon bisaïeul, etc.

4e DICTÉE.

Attention, 1re Classe! *Faites* plusieurs fois la consonne *l*.	*Attention*, 2e Classe! *Écrivez* le nombre 27, 28, 29, *Attention!* pan, pas, peu, pic.	*Attention*, 3e Classe! *Écrivez* le nombre 27, 28, 29, *Attention!* qu'ils fussent hardis. — qu'elles fussent bénignes, humaines, hardies.	*Attention*, 4e Classe! *Écrivez* le nombre 27, 28, 29, *Attention!* tu brosseras, etc. — quel brouhaha, etc.

18e JOUR.

1re Classe.	(n. 3)	2e Jour.	2e Classe.	(n. 3.)	2e Jour.	3e Classe.	(n. 3.)	4e Jour.	4e Classe.	(n. 3.)	6e Jour.

1re DICTÉE.

Attention! ——————— 5e Classe, *écrivez!* . . . . . .

4e Classe, *copiez votre modèle!*

Attention, 1re Classe!	*Attention*, 2e Classe!	*Attention*, 3e Classe!	
Faites plusieurs fois la consonne *b*.	*Écrivez* le nombre 20, *Attention!* mur.	*Écrivez* le nombre 20, *Attention!* Passé. Que j'aie été (*) gentil.— Que tu aies été épais.	» »

2e DICTÉE.

Attention, 1re Classe!	*Attention*, 2e Classe!	*Attention*, 3e Classe!	
Faites plusieurs fois la consonne *d*.	*Écrivez* le nombre 21, 22, 23, *Attention!* Nef, nez, nid.	*Écrivez* le nombre 21, 22, 23, *Attention!* Qu'il ait été heureux. — Qu'elle ait été gentille, épaisse, heureuse.	» »

3e DICTÉE.

Attention, 1re Classe!	*Attention*, 2e Classe!	*Attention*, 3e Classe!	
Faites plusieurs fois la consonne *b*.	*Écrivez* le nombre 24, 25, 26, *Attention!* nom, nue. Oie. Pal.	*Écrivez* le nombre 24, 25, 26, *Attention!* Que n. ayons été contents. — Que v. ayez été constants.	» »

4e DICTÉE.

Attention, 1re Classe!	*Attention*, 2e Classe!	*Attention*, 3e Classe!	
Faites plusieurs fois la consonne *d*.	*Écrivez* le nombre 27, 28, 29, *Attention!* pan, pas, peu, pic.	*Écrivez* le nombre 27, 28, 29, *Attention!* Qu'ils aient été discrets. — Qu'elles aient été contentes, constantes, discrètes.	» »

(*) Le professeur ne doit plus épeler le passé *été*, mais il doit le faire épeler par un élève de cette classe.

19ᵉ *JOUR.*

1ʳᵉ Classe. (nᵒ 3) 3ᵉ *Jour.*	2ᵉ Classe. (nᵒ 3) 3ᵉ *Jour.*	3ᵉ Classe. (nᵒ 3.) 5ᵉ *Jour.*	4ᵉ Classe. (nᵒ 4.) 1ᵉʳ *Jour.*

1ʳᵉ DICTÉE.

Attention! ———— 5ᵉ Classe, *écrivez!* . . . . ———— *Attention,* 4ᵉ Classe! *Écrivez* le nombre 20, *Attention!* ce Compagnon, etc.

Attention, 1ʳᵉ Classe!	*Attention,* 2ᵉ Classe!	*Attention,* 3ᵉ Classe!	*Attention,* 4ᵉ Classe!
Faites plusieurs fois la consonne *b.*	*Écrivez* le nombre 20, *Attention!* mur.	*Écrivez* le nombre 20, *Attention!* Plus-que-parfait. Que j'eusse été prudent. — Que tu eusses été charmant.	*Écrivez* le nombre 20, *Attention!* Célestin, etc.

2ᵉ DICTÉE.

Attention, 1ʳᵉ Classe!	*Attention,* 2ᵉ Classe!	*Attention,* 3ᵉ Classe!	*Attention,* 4ᵉ Classe!
Faites plusieurs fois la consonne *d.*	*Écrivez* le nombre 21, 22, 23, *Attention!* Nef, nez, nid.	*Écrivez* le nombre 21, 22, 23, *Attention!* Qu'il eût été joli. — Qu'elle eût été prudente, charmante, jolie.	*Écrivez* le nombre 21, 22, 23, *Attention!* cette campagne, etc

3ᵉ DICTÉE.

Attention, 1ʳᵉ Classe!	*Attention,* 2ᵉ Classe!	*Attention,* 3ᵉ Classe!	*Attention,* 4ᵉ Classe!
Faites plusieurs fois la consonne *b.*	*Écrivez* le nombre 24, 25, 23, *Attention!* nom, nue. Oie. Pal.	*Écrivez* le nombre 24, 25, 26, *Attention!* Que n. eussions été pécheurs. — Que v. eussiez été zélés.	*Écrivez* le nombre 24, 25, 26, *Attention!* en châtelaine, etc.

4ᵉ DICTÉE.

Attention, 1ʳᵉ Classe!	*Attention,* 2ᵉ Classe!	*Attention,* 3ᵉ Classe!	*Attention,* 4ᵉ Classe!
Faites plusieurs fois la consonne *d.*	*Écrivez* le nombre 27, 28, 29, *Attention!* pan, pas, peu, pic.	*Écrivez* le nombre 27, 28, 29, *Attention!* Qu'ils eussent été méchants. — Qu'elles eussent été pécheresses, zélées, méchantes.	*Écrivez* le nombre 27, 28, 29, *Attention!* construite, etc. — en contemplant. etc.

20e JOUR.

1re Classe. (no 3.) 4e Jour.	2e Classe. (n. 3.) 4e Jour.	3e Classe. (no 3.) 6e Jour.	4e Classe. (no 4.) 2e Jour.
	1re DICTÉE.		
Attention! ———	5e Classe, *écrivez!* . . . . ———	*Attention, 4e Classe! Écrivez* le nombre 20, *Attention!* ce Compagnon, etc.	
Attention, 1re Classe! Faites plusieurs fois la consonne *f.*	*Attention*, 2e Classe! *Écrivez* le nombre 20, *Attention!* pin.	*Attention*, 3e Classe! *Écrivez* le nombre 20, *Attention!* Infinitif présent. être créateur ou créatrice.	*Attention*, 4e Classe! *Écrivez* le nombre 20, *Attention!* Célestin, etc.
	2e DICTÉE.		
Attention, 1re Classe! *Faites* plusieurs fois la consonne *j.*	*Attention*, 2e Classe! *Écrivez* le nombre 21, 22, 23, *Attention!* pli, pot, pré.	*Attention*, 3e Classe! *Écrivez* le nombre 21, 22, 23, *Attention!* Passé. avoir été favori ou favorite.	*Attention*, 4e Classe! *Écrivez* le nombre 21, 22, 23, *Attention!* cette campagne, etc.
	3e DICTÉE.		
Attention, 1re Classe! *Faites* plusieurs fois la consonne *f.*	*Attention*, 2e Classe! *Écrivez* le nombre 24, 25, 26, *Attention!* Rat, riz, roc, roi.	*Attention*, 3e Classe! *Écrivez* le nombre 24, 25, 26, *Attention!* Participe présent. étant favorisé ou favorisée.	*Attention*, 4e Classe! *Écrivez* le nombre 24, 25, 26, *Attention!* en châtelaine, etc.
	4e DICTÉE.		
Attention, 1re Classe! *Faites* plusieurs fois la consonne *j.*	*Attention*, 2e Classe! *Écrivez* le nombre 27, 28, 29, *Attention!* rôt, ruc, rum. Sac.	*Attention*, 3e Classe! *Écrivez* le nombre 27, 28, 29, *Attention!* Participe passé. ayant été chanteur, chanteuse ou cantatrice.	*Attention*, 4e Classe! *Écrivez* le nombre 27, 28, 29, *Attention* construite, etc. — en contemplant, etc.

21e JOUR.

1re Classe. (no 3.) 5e Jour.	2e Classe. (no 3.) 5e Jour.	3e Classe. (no 3.) 7e Jour.	4e Classe. (no 4.) 3e Jour.

1re DICTÉE.

Attention! ———— 5e Classe, *écrivez!* . . . . . . ———— *Attention,* 4e Classe! *Écrivez* le nombre 20, *Attention!* ce Compagnon, etc.

3e Classe, *copiez votre modèle!*

Attention, 1re Classe!	*Attention,* 2e Classe!		*Attention,* 4e Classe!
Faites plusieurs fois la consonne *g.*	*Écrivez* le nombre 20, *Attention!* pin.	» »	*Écrivez* le nombre 20, *Attention!* Célestin, etc.

2e DICTÉE.

Attention, 1re Classe!	*Attention,* 2e Classe!		*Attention,* 4e Classe!
Faites plusieurs fois la voyelle *y.*	*Écrivez* le nombre 21, 22, 23, *Attention!* pli, pot, pré.	» »	*Écrivez* le nombre 21, 22, 23, *Attention!* cette campagne, etc.

3e DICTÉE.

Attention, 1re Classe!	*Attention,* 2e Classe!		*Attention,* 4e Classe!
Faites plusieurs fois la consonne *g.*	*Écrivez* le nombre 24, 25, 26, *Attention!* Rat, riz, roc, roi.	» »	*Écrivez* le nombre 24, 25, 26, *Attention!* en châtelaine, etc.

4e DICTÉE.

Attention, 1re Classe!	*Attention,* 2e Classe!		*Attention,* 4e Classe!
Faites plusieurs fois la voyelle *y.*	*Écrivez* le nombre 27, 28, 29, *Attention!* rôt, rue, rum. Sac.	» »	*Écrivez* le nombre 27, 28, 29, *Attention!* construite, etc. — en contemplant, etc.

22e JOUR.

1re Classe. (no 3.) 6e *Jour.*	2e Classe. (no 3.) 6e *Jour.*	3e Classe. (no 4.) 1er *Jour.*	4e Classe. (no 4.) 4e *Jour.*

1re DICTÉE.

Attention! ———— 5e Classe, *écrivez!* . . . . ———— *Attention,* 4e Classe! *Écrivez* le nombre 20, *Attention!* ce Compagnon, etc.

Attention, 1re Classe!	*Attention,* 2e Classe!	*Attention,* 3e Classe!	*Attention,* 4e Classe!
Faites plusieurs fois la consonne *g.*	*Écrivez* le nombre 20, *Attention!* pin.	*Écrivez* le nombre 20, *Attention!* Indicatif présent. J'ai un abcès.	*Écrivez* le nombre 20, *Attention!* Célestin, etc.

2e DICTÉE.

Attention, 1re Classe!	*Attention,* 2e Classe!	*Attention,* 3e Classe!	*Attention,* 4e Classe!
Faites plusieurs fois la voyelle *y.*	*Écrivez* le nombre 21, 22, 23, *Attention!* pli, pot, pré.	*Écrivez* le nombre 21, 22, 23, *Attention!* Tu (*) as son acquit.	*Écrivez* le nombre 21, 22, 23, *Attention!* cette campagne, etc.

3e DICTÉE.

Attention, 1re Classe!	*Attention,* 2e Classe!	*Attention,* 3e Classe!	*Attention,* 4e Classe!
Faites plusieurs fois la consonne *g.*	*Écrivez* le nombre 14, 15, 16, *Attention!* Rat, riz, roc, roi.	*Écrivez* le nombre 24, 25, 26, *Attention!* Il ou elle a un accent. — N. avons des adjoints.	*Écrivez* le nombre 24, 25, 26, *Attention!* en châtelaine, etc.

4e DICTÉE.

Attention, 1re Classe!	*Attention,* 2e Classe!	*Attention,* 3e Classe!	*Attention,* 4e Classe!
Faites plusieurs fois la voyelle *y.*	*Écrivez* le nombre 27, 28, 29, *Attention!* rôt, rue, rum. Sac.	*Écrivez* le nombre 27, 28, 29, *Attention!* V. avez un affût. — Ils ou elles avaient des agents.	*Écrivez* le nombre 27, 28, 29, *Attention!* construite, etc. — en contemplant, etc.

(*) Le professeur n'épèle plus les pronoms personnels; mais il doit les faire épeler par un élève.

23e JOUR.

1re CLASSE. (n° 3.) 7e *Jour.*	2e CLASSE. (n° 3.) 7e *Jour.*	3e CLASSE. (n° 4.) 2e *Jour.*	4e CLASSE. (n° 4.) 5e *Jour.*
	1re DICTÉE.		
Attention! ————	5e CLASSE, *écrivez!* . . . . ————	*Attention,* 4e CLASSE! *Écrivez* le nombre 20, *Attention!* ce Compagnon, etc.	
	1re et 2e CLASSES, *copiez vos modèles!*		
» »	» »	*Attention,* 3e CLASSE! *Écrivez* le nombre 20, *Attention!* IMPARFAIT. J'avais de l'aigreur.	*Attention,* 4e CLASSE! *Écrivez* le nombre 20, *Attention!* Célestin, etc.
	2e DICTÉE.		
» »	» »	*Attention,* 3e CLASSE! *Écrivez* le nombre 21, 22, 23, *Attention!* tu avais un album.	*Attention,* 4e CLASSE! *Écrivez* le nombre 21, 22, 23, *Attention* cette campagne, etc.
	3e DICTÉE.		
» »	» »	*Attention,* 3e CLASSE! *Écrivez* le nombre 24, 25, 26, *Attention!* il ou elle avait de l'aplomb. — n. avions notre appoint.	*Attention,* 4e CLASSE! *Écrivez* le nombre 24, 25, 26, *Attention* en châtelaine, etc.
	4e DICTÉE.		
» »	» »	*Attention,* 3e CLASSE! *Écrivez* le nombre 27, 28, 29, *Attention!* v. aviez des arbres. — ils ou elles avaient les arches.	*Attention,* 4e CLASSE! *Écrivez* le nombre 27, 28, 29, *Attention* construite, etc. — en contemplant, etc.

24ᵉ JOUR.

1ʳᵉ Classe. (nº 3.) 8ᵉ Jour.	2ᵉ Classe. (n. 3.) 8ᵉ Jour.	3ᵉ Classe. (nº 4.) 3ᵉ Jour.	4ᵉ Classe. (n. 4.) 6ᵉ Jour.
1ʳᵉ DICTÉE. *Attention!* —— 3ᵉ Classe, *écrivez!* . . . . . . 1ʳᵉ, 2ᵉ et 4ᵉ Classes, *copiez vos modèles!*			
» »	» »	*Attention*, 3ᵉ Classe! *Écrivez* le nombre 20, *Attention!* Parfait défini. J'eus un assaut.	» »
2ᵉ DICTÉE.			
» »	» »	*Attention*, 3ᵉ Classe! *Écrivez* le nombre 21, 22, 23, *Attention!* tu eus une aune.	» »
3ᵉ DICTÉE.			
» »	» »	*Attention*, 3ᵉ Classe! *Écrivez* le nombre 24, 25, 26, *Attention!* il ou elle eut un axe. — n. eûmes du babil.	» »
4ᵉ DICTÉE.			
» »	» »	*Attention*, 3ᵉ Classe! *Écrivez* le nombre 27, 28, 29, *Attention!* v. eûtes un baillon. — ils ou elles eurent un baiser.	» »

25e JOUR.

1re CLASSE. (no 4.) 1er JOUR.	2e CLASSE. (no 4.) 1er JOUR.	3e CLASSE. (no 4.) 4e JOUR.	4e CLASSE. (no 5.) 1er JOUR.

1re DICTÉE.

Attention! ——— 5e CLASSE, *écrivez!* . . . . ——— *Attention,* 4e CLASSE! *Écrivez* le nombre 30, *Attention!* connaissent-ils, etc.

Attention, 1re CLASSE!	*Attention,* 2e CLASSE!	*Attention,* 3e CLASSE!	*Attention,* 4e CLASSE!
Faites plusieurs fois la consonne *p.*	*Écrivez* le nombre 30, un 3 et un zéro virgule, *Attention!* sel.	*Écrivez* le nombre 30, *Attention!* PARFAIT INDÉFINI. J'ai eu un bambou.	*Écrivez* le nombre 30, *Attention!* vous cueillerez, etc.

2e DICTÉE.

Attention, 1re CLASSE!	*Attention,* 2e CLASSE!	*Attention,* 3e CLASSE!	*Attention,* 4e CLASSE!
Faites plusieurs fois la consonne *q.*	*Écrivez* le nombre 31, un 3 et un 1; 32, un 3 et un 2; 33, deux 3; *Attention!* six, soc, sol.	*Écrivez* le nombre 31, 32, 33, *Attention!* Tu as eu un banquet.	*Écrivez* le nombre 31, 32, 33, *Attention!* il comptera, etc.

3e DICTÉE.

Attention, 1re CLASSE!	*Attention,* 2e CLASSE!	*Attention,* 3e CLASSE!	*Attention,* 4e CLASSE!
Faites plusieurs fois la consonne *p.*	*Écrivez* le nombre 34, 35, 36, *Attention!* son, suc, sud, sou.	*Écrivez* le nombre 34, 35, 36, *Attention!* il ou elle a eu un bassin. — n. avons eu des bâtons.	*Écrivez* le nombre 24, 35, 36, *Attention!* Discutons, etc.

4e DICTÉE.

Attention, 1re CLASSE!	*Attention,* 2e CLASSE!	*Attention,* 3e CLASSE!	*Attention,* 4e CLASSE!
Faites plusieurs fois la consonne *q.*	*Écrivez* le nombre 37, 38, 39, *Attention!* Tas, thé, tic, tuf.	*Écrivez* le nombre 37, 38, 39, *Attention!* v. avez eu leurs baudets. — ils ou elles ont eu une bêche.	*Écrivez* le nombre 37, 38, 39, *Attention!* ne dédaigne, etc. — tu diffères, etc.

26e JOUR.

1re Classe. (n. 4.) 2e Jour.	2e Classe. (n. 4.) 2e Jour.	3e Classe. (n. 4.) 5e Jour.	4e Classe. (n. 5.) 2e Jour.

1re DICTÉE.

Attention! ———— 5e Classe, *écrivez!* . . . . ———— *Attention, 4e* Classe! *Écrivez* le nombre 30, *Attention!* connaissent-ils, etc.

Attention, 1re Classe!	*Attention*, 2e Classe!	*Attention*, 3e Classe!	*Attention*, 4e Classe!
Faites plusieurs fois la consonne *h*.	*Écrivez* le nombre 30, *Attention!* sel.	*Écrivez* le nombre 30, *Attention!* Parfait antérieur. J'eus eu un béguin.	*Écrivez* le nombre 30, *Attention!* vous cueillerez, etc.

2e DICTÉE.

Attention, 1re Classe!	*Attention*, 2e Classe!	*Attention*, 3e Classe!	*Attention*, 4e Classe!
Faites plusieurs fois la consonne *k*.	*Écrivez* le nombre 31, 32, 33, *Attention!* six, soc, sol.	*Écrivez* le nombre 31, 32, 33, *Attention!* Tu eus eu du benjoin.	*Écrivez* le nombre 31, 32, 33, *Attention!* il comptera, etc.

3e DICTÉE.

Attention, 1re Classe!	*Attention*, 2e Classe!	*Attention*, 3e Classe!	*Attention*, 4e Classe!
Faites plusieurs fois la consonne *h*.	*Écrivez* le nombre 34, 35, 36, *Attention!* son, suc, sud, sou.	*Écrivez* le nombre 34, 35, 36, *Attention!* Il ou elle eut eu du beurre. — Nous eûmes eu une bible.	*Écrivez* le nombre 34, 35, 36, *Attention!* Discutons, etc.

4e DICTÉE.

Attention, 1re Classe!	*Attention*, 2e Classe!	*Attention*, 3e Classe!	*Attention*, 4e Classe!
Faites plusieurs fois la consonne *k*.	*Écrivez* le nombre 37, 38, 39, *Attention!* Tas, thé, tic, tuf.	*Écrivez* le nombre 37, 38, 39, *Attention!* V. eûtes eu un billion. — Ils ou elles eurent eu des biscuits.	*Écrivez* le nombre 37, 38, 39, *Attention!* ne dédaigne, etc. — tu diffères, etc.

27e JOUR.

1re CLASSE. (no 4.) 3e JOUR.	2e CLASSE. (no 4) 3e JOUR.	3e CLASSE. (no 4.) 6e JOUR.	4e CLASSE. (no 5.) 3e JOUR.

1re DICTÉE.

Attention! ———— 5e CLASSE, *écrivez!* . . . . . ———— *Attention*, 4e CLASSE! *Écrivez* le nombre 30, *Attention!* connaissent-ils, etc.

Attention, 1re CLASSE!	*Attention*, 2e CLASSE!	*Attention*, 3e CLASSE!	*Attention*, 4e Classe!
Faites plusieurs fois la consonne *h*.	*Écrivez* le nombre 30, *Attention!* sel.	*Écrivez* le nombre 30, *Attention!* PLUS-QUE-PARFAIT. J'avais eu des blaireaux. — Tu avais eu de la blancheur. — Il ou elle avait eu une blouse.	*Écrivez* le nombre 30, *Attention!* vous cueillerez, etc.

2e DICTÉE.

Attention, 1re CLASSE!	*Attention*, 2e CLASSE!	*Attention*, 3e CLASSE!	*Attention*, 4e CLASSE!
Faites plusieurs fois la consonne *k*.	*Écrivez* le nombre 31, 32, 33, *Attention!* six, soc, sol.	*Écrivez* le nombre 31, 32, 33, *Attention!* N. avions eu le blutoir. — V. aviez eu un bocal. — Ils ou elles avaient eu des bocaux.	*Écrivez* le nombre 31, 32, 33, *Attention* il comptera, etc

3e DICTÉE.

Attention, 1re CLASSE!	*Attention*, 2e CLASSE!	*Attention*, 3e CLASSE!	*Attention*, 4e CLASSE!
Faites plusieurs fois la consonne *h*.	*Écrivez* le nombre 34, 35, 36, *Attention!* son, suc, sud, sou.	*Écrivez* le nombre 34, 35, 36, *Attention!* FUTUR. J'aurai le boisseau. — tu auras les boisseaux. il ou elle aura des bonbons.	*Écrivez* le nombre 34, 35, 36, *Attention* Discutons, etc.

4e DICTÉE.

Attention, 1re CLASSE!	*Attention*, 2e CLASSE!	*Attention*, 3e CLASSE!	*Attention*, 4e CLASSE!
Faites plusieurs fois la consonne *k*.	*Écrivez* le nombre 37, 38, 39, *Attention!* Tas, thé, tic, tuf.	*Écrivez* le nombre 37, 38, 39, *Attention!* n. aurons les bombes. — v. aurez les bouchons. — ils ou elles auront du bouillon.	*Écrivez* le nombre 37, 38, 39, *Attention* ne dédaigne, etc. — tu diffères, etc.

28e JOUR.

1re Classe. (no 4.) 4e Jour.	2e Classe. (n. 4.) 4e Jour.	3e Classe. (no 4.) 7e Jour.	4e Classe. (no 5.) 4e Jour.
1re DICTÉE.			
Attention! ———— 5e Classe, *écrivez!* . . . . ———— *Attention,* 4e Classe! *Écrivez* le nombre 30, *Attention!* connaissent-ils, etc.			
3e Classe, *copiez votre modèle!*			
Attention, 1re Classe!	*Attention*, 2e Classe!		*Attention*, 4e Classe!
Faites plusieurs fois la consonne *r*.	*Écrivez* le nombre 30, *Attention!* Vie.	» »	*Écrivez* le nombre 30, *Attention!* vous cueillerez, etc.
2e DICTÉE.			
Attention, 1re Classe!	*Attention*, 2e Classe!		*Attention*, 4e Classe!
Faites plusieurs fois la consonne *z*.	*Écrivez* le nombre 31, 32, 33, *Attention!* vin, vis, vol.	» »	*Écrivez* le nombre 31, 32, 33, *Attention!* il comptera, etc.
3e DICTÉE.			
Attention, 1re Classe!	*Attention*, 2e Classe!		*Attention*, 4e Classe!
Faites plusieurs fois la consonne *r*.	*Écrivez* le nombre 34, 35, 36, *Attention!* vue. Août. Baie, bail.	» »	*Écrivez* le nombre 34, 35, 36, *Attention!* Discutons, etc.
4e DICTÉE.			
Attention, 1re Classe!	*Attention*, 2e Classe!		*Attention*, 4e Classe!
Faites plusieurs fois la consonne *z*.	*Écrivez* le nombre 37, 38, 39, *Attention!* bain, banc, bien, bloc.	» »	*Écrivez* le nombre 37, 38, 39, *Attention!* ne dédaigne, etc. — tu diffères, etc.

29e *JOUR.*

1re CLASSE. (*no* 4.) 5e *JOUR.*	2e CLASSE. (no 4.) 5e *JOUR.*	3e CLASSE. (no 5.) 1er *JOUR.*	4e CLASSE. (no 5.) 5e *JOUR.*

1re DICTÉE.

Attention! ——————— 5e CLASSE, *écrivez!* . . . . . . ——————— *Attention,* 4e CLASSE! *Écrivez* le nombre 30, *Attention!* connaissent-ils, etc.

Attention, 1re CLASSE!	*Attention,* 2e CLASSE!	*Attention,* 3e CLASSE!	*Attention,* 4e CLASSE!
Faites plusieurs fois la consonne *s.*	*Écrivez* le nombre 30, *Attention!* Vie.	*Écrivez* le nombre 30, *Attention!* FUTUR PASSÉ. J'aurai eu le bouquin.	*Écrivez* le nombre 30, *Attention!* vous cueillerez, etc.

2e DICTÉE.

Attention, 1re CLASSE!	*Attention,* 2e CLASSE!	*Attention,* 3e CLASSE!	*Attention,* 4e CLASSE!
Faites plusieurs fois la voyelle *x.*	*Écrivez* le nombre 31, 32, 33, *Attention!* vin, vis, vol.	*Écrivez* le nombre 31, 32, 33, *Attention!* tu auras eu un bourdon.	*Écrivez* le nombre 31, 32, 33, *Attention!* il comptera, etc.

3e DICTÉE.

Attention, 1re CLASSE!	*Attention,* 2e CLASSE!	*Attention,* 3e CLASSE!	*Attention,* 4e CLASSE!
Faites plusieurs fois la consonne *s.*	*Écrivez* le nombre 34, 35, 36, *Attention!* vue. Août. Baie, bail.	*Écrivez* le nombre 34, 35, 36, *Attention!* il ou elle aura eu de la braise. — n. aurons eu le brasier.	*Écrivez* le nombre 34, 35, 36, *Attention!* Discutons, etc.

4e DICTÉE.

Attention, 1re CLASSE!	*Attention,* 2e CLASSE!	*Attention,* 3e CLASSE!	*Attention,* 4e CLASSE!
Faites plusieurs fois la voyelle *x.*	*Écrivez* le nombre 37, 38, 39, *Attention!* bain, banc, bien, bloc.	*Écrivez* le nombre 37, 38, 39, *Attention!* v. aurez eu la brebis.— ils ou elles auront eu du bronze.	*Écrivez* le nombre 37, 38, 39, *Attention!* ne dédaigne, etc. — tu diffères, etc.

1re Classe. (no 4.) 6e Jour.	2e Classe. (no 4.) 6e Jour.	3e Classe. (no 5.) 2e Jour.	4e Classe. (no 5.) 6e Jour.

1re DICTÉE.

Attention! ———————— 5e Classe, *écrivez!* . . . . .

4e Classe, *copiez votre modèle!*

Attention, 1re Classe!	*Attention*, 2e Classe!	*Attention*, 3e Classe!	
Faites plusieurs fois la consonne *s*.	*Écrivez* le nombre 30, *Attention!* Vie.	*Écrivez* le nombre 30, *Attention!* CONDITIONNEL PRÉSENT. J'aurais des breloques. — Tu aurais mes brochures. — Il ou elle aurait des brugnons.	» »

2e DICTÉE.

Attention, 1re Classe!	*Attention*, 2e Classe!	*Attention*, 3e Classe!	
Faites plusieurs fois la voyelle *x*.	*Écrivez* le nombre 31, 32, 33, *Attention!* vin, vis, vol.	*Écrivez* le nombre 31, 32, 33, *Attention!* N. aurions ces bustes, — V. auriez les cabas. — Ils ou elles auraient mon cachet.	» »

3e DICTÉE.

Attention, 1re Classe!	*Attention*, 2e Classe!	*Attention*, 3e Classe!	
Faites plusieurs fois la consonne *s*.	*Écrivez* le nombre 34, 35, 36, *Attention!* vue. Août. Baie, bail.	*Écrivez* le nombre 34, 35, 36, *Attention!* CONDITIONNEL PASSÉ. J'aurais eu (*) son cahier. — Tu aurais eu ma caisse. — Il ou elle aurait eu du camphre.	» »

4e DICTÉE.

Attention, 1re Classe!	*Attention*, 2e Classe!	*Attention*, 3e Classe!	
Faites plusieurs fois la voyelle *x*.	*Écrivez* le nombre 37, 38, 39, *Attention!* bain, banc, bien, bloc.	*Écrivez* le nombre 37, 38, 39, *Attention!* N. aurions eu des captifs. — V. auriez eu une captive. — Ils ou elles auraient eu un cancer.	» »

(*) Le passé *eu* ne doit plus être épelé que par un élève désigné par le professeur.

31ᵉ JOUR.

1ʳᵉ CLASSE. (nº 4.) 7ᵉ JOUR.	2ᵉ CLASSE. (nº 4.) 7ᵉ JOUR.	3ᵉ CLASSE. (nº 5.) 3ᵉ JOUR.	4ᵉ CLASSE. (nº 6.) 1ᵉʳ JOUR.

1ʳᵉ DICTÉE.

Attention! ——— 5ᵉ CLASSE, *écrivez!* . . . . ——— *Attention*, 4ᵉ CLASSE! *Écrivez* le nombre 30, *Attention!* touts dégouttants, etc.

1ʳᵉ et 2ᵉ CLASSES, *copiez vos modèles!*

» »	» »	*Attention*, 3ᵉ CLASSE! *Écrivez* le nombre 30, *Attention!* ON DIT AUSSI : J'eus eu sa (*) caution. — Tu eusses eu du carmin.	*Attention*, 4ᵉ CLASSE! *Écrivez* le nombre 30, *Attention!* il débarqua, etc.

2ᵉ DICTÉE.

» »	» »	*Attention*, 3ᵉ CLASSE! *Écrivez* le nombre 31, 32, 33, *Attention!* Il ou elle eût eu un casque. — N. eussions eu un cèdre.	*Attention*, 4ᵉ CLASSE! *Écrivez* le nombre 31, 32, 33, *Attention!* il demanda, etc.

3ᵉ DICTÉE.

» »	» »	*Attention*, 3ᵉ CLASSE! *Écrivez* le nombre 34, 35, 36, *Attention!* V. eussiez eu de la cendre. — Ils ou elles eussent eu un cercle.	*Attention*, 4ᵉ CLASSE! *Écrivez* le nombre 34, 35, 36, *Attention!* du Dauphiné, etc.

4ᵉ DICTÉE.

» »	» »	*Attention*, 3ᵉ CLASSE! *Écrivez* le nombre 37, 38, 39, *Attention!* IMPÉRATIF. aie un autel d'église. — ayons un hôtel garni. — ayez une cuiller d'étain.	*Attention*, 4ᵉ CLASSE! *Écrivez* le nombre 37, 38, 39, *Attention!* te douterais-tu, etc. — Écoutez-moi, etc.

(*) *Son, sa, ses; mon, ma, mes; ton, ta, tes; le, la, les; ce, cet, cette, ces; un, une; lui, leur; de, du, des; aux*, et en général tous les monosyllabes, ne doivent plus être épelés que par des élèves désignés par le professeur.

32e JOUR.

1re Classe. (no 4.) 8e Jour.	2e Classe. (n. 4.) 8e Jour.	3e Classe. (no 5.) 4e Jour.	4e Classe. (n. 6.) 2e Jour.
	1re DICTÉE.		
Attention! ———————	5e Classe, *écrivez!* . . . . ———————	*Attention*, 4e Classe! *Écrivez* le nombre 30, *Attention!*	tout dégouttants, etc.
	1re et 2e Classes, *copiez vos modèles!*		
» »	» »	*Attention*, 3e Classe! *Écrivez* le nombre 30, *Attention!* Subjonctif présent. Que j'aie un cerceau. — Que tu aies des cerceaux. — Qu'il ou qu'elle ait un chameau.	*Attention*, 4e Classe! *Écrivez* le nombre 30, *Attention!* il débarqua, etc.
	2e DICTÉE.		
» »	» »	*Attention*, 3e Classe! *Écrivez* le nombre 31, 32, 33, *Attention!* Que nous ayons des châteaux. — Que vous ayez du chanvre. — Qu'ils ou qu'elles aient une chaîne.	*Attention*, 4e Classe! *Écrivez* le nombre 31, 32, 33, *Attention!* il demanda, etc.
	3e DICTÉE.		
» »	» »	*Attention*, 3e Classe! *Écrivez* le nombre 34, 35, 36, *Attention!* Imparfait. que j'eusse une charge. — que tu eusses un chausson. — qu'il ou qu'elle eût des chenets.	*Attention*, 4e Classe! *Écrivez* le nombre 34, 35, 36, *Attention!* du Dauphiné, etc.
	4e DICTÉE.		
» »	» »	*Attention*, 3e Classe! *Écrivez* le nombre 37, 38, 39, *Attention!* que n. eussions des chiffons. — que v. eussiez de la ciguë. — qu'ils ou qu'elles eussent du ciment.	*Attention*, 4e Classe! *Écrivez* le nombre 37, 38, 39, *Attention!* te douterais-tu, etc. — Écoutez-moi, etc.

33e *JOUR.*

1re Classe. (no 5.) 1er *Jour.*	2e Classe. (no 5.) 1er *Jour.*	3e Classe. (no 5.) 5e *Jour.*	4e Classe. (no 5.) 3e *Jour.*
	1re DICTÉE.		
Attention! ————	5e Classe, *écrivez!* . . . . ————	*Attention,* 4e Classe! *Écrivez* le nombre 40, *Attention!* tout dégouttants, etc.	
Attention, 1re Classe! *Faites* des jambages droits.	*Attention,* 2e Classe! *Écrivez* le nombre 40, *Attention!* bois.	*Attention,* 3e Classe! *Écrivez* le nombre 40, *Attention!* Parfait. que j'aie eu un cirque.— que tu aies eu une claque.— qu'il ou qu'elle ait eu des clients.	*Attention,* 4e Classe! *Écrivez* le nombre 40, *Attention!* il débarqua, etc.
	2e DICTÉE.		
Attention, 1re Classe! *Faites* des jambages avec courbe par le bas. *Faites* des jambages avec courbe par le haut.	*Attention,* 2e Classe! *Écrivez* le nombre 41, 42, 43, *Attention!* bord, bouc, bout.	*Attention,* 3e Classe! *Écrivez* le nombre 41, 42, 43, *Attention!* que n. ayons eu du clinquant. — que v. ayez eu une cloche. — qu'ils ou qu'elles aient eu un coco.	*Attention,* 4e Classe! *Écrivez* le nombre 41, 42, 43, *Attention!* il demanda, etc.
	3e DICTÉE.		
Attention, 1re Classe! *Faites* des jambages avec courbe par le haut et par le bas.	*Attention,* 2e Classe! *Écrivez* le nombre 44, 45, 46, *Attention!* bras, broc, busc. Camp.	*Attention,* 3e Classe! *Écrivez* le nombre 44, 45, 46, *Attention!* Plus-que-parfait. que j'eusse eu une coiffe. — que tu eusses eu un combat.— qu'il ou qu'elle eût eu un compas.	*Attention,* 4e Classe! *Écrivez* le nombre 44, 45, 46, *Attention!* du Dauphiné, etc.
	4e DICTÉE.		
Attention, 1re Classe! *Faites* des jambages bouclés par le haut et par le bas.	*Attention,* 2e Classe! *Écrivez* le nombre 47, 48, 49, *Attention!* cent, cerf, char, chas.	*Attention,* 3e Classe! *Écrivez* le nombre 47, 48, 49, *Attention!* que n. eussions eu votre congé. — que v. eussiez eu un cordon. — qu'ils ou qu'elles eussent eu un corset.	*Attention,* 4e Classe! *Écrivez* le nombre 47, 48, 49, *Attention!* te douterais-tu, etc. — Écoutez-moi, etc.

34e JOUR.

1re Classe. (n. 5.) 2e Jour.	2e Classe. (n. 5.) 2e Jour.	3e Classe. (n. 5.) 6e Jour.	4e Classe. (n. 6.) 4e Jour.
1re DICTÉE.			
Attention! — 5e Classe, *écrivez!* . . . . — *Attention*, 4e Classe! *Écrivez* le nombre 40, *Attention!* tout dégouttants, etc.			
Attention, 1re Classe! *Faites* des jambages droits.	*Attention*, 2e Classe! *Écrivez* le nombre 40, *Attention!* bois.	*Attention*, 3e Classe! *Écrivez* le nombre 40, *Attention!* Infinitif présent. Avoir une prière à exaucer.	*Attention*, 4e Classe! *Écrivez* le nombre 40, *Attention!* il débarqua, etc.
2e DICTÉE.			
Attention, 1re Classe! *Faites* des jambages avec courbe par le bas. *Faites* des jambages avec courbe par le haut.	*Attention*, 2e Classe! *Écrivez* le nombre 41, 42, 43, *Attention!* bord, bouc, bout.	*Attention*, 3e Classe! *Écrivez* le nombre 41, 42, 43, *Attention!* Passé. Avoir eu un mur à exhausser.	*Attention*, 4e Classe! *Ecrivez* le nombre 41, 42, 43, *Attention!* il demanda, etc.
3e DICTÉE.			
Attention, 1re Classe! *Faites* des jambages avec courbe par le haut et par le bas.	*Attention*, 2e Classe! *Écrivez* le nombre 44, 45, 46, *Attention!* bras, broc, buse. Camp.	*Attention*, 3e Classe! *Écrivez* le nombre 44, 45, 46, *Attention!* Participe présent. Ayant un brancard à faire.	*Attention*, 4e Classe! *Écrivez* le nombre 44, 45, 46, *Attention!* du Dauphiné, etc.
4e DICTÉE.			
Attention, 1re Classe! *Faites* des jambages bouclés par le haut et par le bas.	*Attention*, 2e Classe! *Écrivez* le nombre 47, 48, 49, *Attention!* cent, cerf, char, chas.	*Attention*, 3e Classe! *Écrivez* le nombre 47, 48, 49, *Attention!* Participe passé. Ayant eu un couteau à repasser. Futur. Devant avoir des couteaux à aiguiser.	*Attention*, 4e Classe! *Écrivez* le nombre 47, 48, 49, *Attention!* te douterais-tu, etc. — Écoutez-moi, etc.

35ᵉ JOUR.

1ʳᵉ CLASSE. (nᵒ 5.) 3ᵉ *Jour.*	2ᵉ CLASSE. (nᵒ 5) 3ᵉ *Jour.*	3ᵉ CLASSE. (nᵒ 5.) 7ᵉ *Jour.*	4ᵉ CLASSE. (nᵒ 6.) 5ᵉ *Jour.*
1ʳᵉ DICTÉE.			
Attention! ——— 5ᵉ CLASSE, *écrivez!* . . . . ——— *Attention*, 4ᵉ CLASSE! *Écrivez* le nombre 40, *Attention!* tout dégouttants, etc.			
3ᵉ CLASSE, *copiez votre modèle!*			
Attention, 1ʳᵉ CLASSE! *Faites* plusieurs fois la voyelle *a*.	*Attention*, 2ᵉ CLASSE! *Écrivez* le nombre 40, *Attention!* bois.	» »	*Attention*, 4ᵉ CLASSE! *Écrivez* le nombre 40, *Attention!* il débarqua, etc.
2ᵉ DICTÉE.			
Attention, 1ʳᵉ CLASSE! *Faites* les consonnes *b*, *c*, *d*, et la voyelle *e*.	*Attention*, 2ᵉ CLASSE! *Écrivez* le nombre 41, 42, 43, *Attention!* bord, bouc, bout.	» »	*Attention*, 4ᵉ CLASSE! *Écrivez* le nombre 41, 42, 43, *Attention!* il demanda, etc.
3ᵉ DICTÉE.			
Attention, 1ʳᵉ CLASSE! *Faites* les consonnes f, *f*, *g*, *h*, et la voyelle *i*.	*Attention*, 2ᵉ CLASSE! *Écrivez* le nombre 44, 45, 46, *Attention!* bras, broc, busc. Camp.	» »	*Attention*, 4ᵉ CLASSE! *Écrivez* le nombre 44, 45, 46, *Attention!* du Dauphiné, etc.
4ᵉ DICTÉE.			
Attention, 1ʳᵉ CLASSE! *Faites* les consonnes *j*, *k*, *l*, *m*, *n*.	*Attention*, 2ᵉ CLASSE! *Écrivez* le nombre 47, 48, 49, *Attention!* cent, cerf, char, chas.	» »	*Attention*, 4ᵉ CLASSE! *Écrivez* le nombre 47, 48, 49, *Attention!* te douterais-tu, etc. — Écoutez-moi, etc.

36e JOUR.

1re Classe. (no 5) 4e Jour.	2e Classe. (n. 5) 4e Jour.	3e Classe. (no 6.) 1er Jour.	4e Classe. (no 6.) 6e Jour.

1re DICTÉE.

Attention! ——————— 5e Classe, *écrivez!* . . . . . .

4e Classe, *copiez votre modèle !*

Attention, 1re Classe!	Attention, 2e Classe!	Attention, 3e Classe!	
Faites plusieurs fois la voyelle *a*.	*Écrivez* le nombre 40, *Attention!* chat.	*Écrivez* le nombre 40, *Attention!* Indicatif présent (*). J'aime cette cuisine.	» »

2e DICTÉE.

Attention, 1re Classe!	Attention, 2e Classe!	Attention, 3e Classe!	
Faites les consonnes *b*, *c*, *d*, et la voyelle *e*.	*Écrivez* le nombre 41, 42, 43, *Attention!* chef, choc, chou.	*Écrivez* le nombre 41, 42, 43, *Attention!* tu aimes les cyprès.	» »

3e DICTÉE.

Attention, 1re Classe!	Attention, 2e Classe!	Attention, 3e Classe!	
Faites les consonnes *f*, *ſ*, *g*, *h*, et la voyelle *i*.	*Écrivez* le nombre 44, 45, 46, *Attention!* ciel, cinq, clef, clos.	*Écrivez* le nombre 44, 45, 46, *Attention!* il ou elle aime le dauphin. — n. aimons les décombres.	» »

4e DICTÉE.

Attention, 1re Classe!	Attention, 2e Classe!	Attention, 3e Classe!	
Faites les consonnes *j*, *k*, *l*, *m*, *n*.	*Écrivez* le nombre 47, 48, 49, *Attention!* clou, coin, coup, cour.	*Écrivez* le nombre 47, 48, 49, *Attention!* v. aimez les déguisements. — ils ou elles aiment cette demoiselle.	» »

(*) Le *titre* des *temps* ne doit plus être épelé que par un élève désigné par le professeur; mais il ne faut pas que ce soit toujours le même.

37e JOUR.

1re CLASSE. (no 5.) 5e JOUR.	2e CLASSE. (no 5.) 5e JOUR.	3e CLASSE. (no 6.) 2e JOUR.	4e CLASSE. (no 7.) 1er JOUR.
1re DICTÉE.			
Attention! ———— 5e CLASSE, *écrivez!* . . . . . . ———— *Attention*, 4e CLASSE! *Écrivez* le nombre 40, *Attention!* embarqués, etc.			
Attention, 1re CLASSE!	*Attention*, 2e CLASSE!	*Attention*, 3e CLASSE!	*Attention*, 4e CLASSE!
Faites plusieurs fois la voyelle *o*.	*Écrivez* le nombre 40, *Attention!* chat.	*Écrivez* le nombre 40, *Attention!* IMPARFAIT. J'aimais le dindonneau.	*Écrivez* le nombre 40, *Attention!* pour exaucer, etc.
2e DICTÉE.			
Attention, 1re CLASSE!	*Attention*, 2e CLASSE!	*Attention*, 3e CLASSE!	*Attention*, 4e CLASSE!
Faites les consonnes *p*, *q*, *r*, *r*, s.	*Écrivez* le nombre 41, 42, 43, *Attention!* chef, choc, chou.	*Écrivez* le nombre 41, 42, 43, *Attention!* Tu aimais sa discrétion.	*Écrivez* le nombre 41, 42, 43, *Attention!* cet excellent, etc.
3e DICTÉE.			
Attention, 1re CLASSE!	*Attention*, 2e CLASSE!	*Attention*, 3e CLASSE!	*Attention*, 4e CLASSE!
Faites les consonnes *s*, *t*, la voyelle *u* et la consonne *v*.	*Écrivez* le nombre 44, 45, 46, *Attention!* ciel, cinq, clef, clos.	*Écrivez* le nombre 44, 45, 46, *Attention!* Il ou elle aimait son diocèse. — N. aimions le dimanche.	*Écrivez* le nombre 44, 45, 46, *Attention!* l'empreinte, etc.
4e DICTÉE.			
Attention, 1re CLASSE!	*Attention*, 2e CLASSE!	*Attention*, 3e CLASSE!	*Attention*, 4e CLASSE!
Faites les consonnes *w*, *x*, la voyelle *y* et la consonne *z*.	*Écrivez* le nombre 47, 48, 49, *Attention!* clou, coin, coup, cour.	*Écrivez* le nombre 47, 48, 49, *Attention!* V. aimiez sa docilité. — Ils ou elles aimaient cette douairière.	*Écrivez* le nombre 47, 48, 49, *Attention!* les ébauches, etc. — son exaltation, etc. — franchement, etc.

1re CLASSE. (no 5.) 6e JOUR.	2e CLASSE. (no 5.) 6e JOUR.	3e CLASSE. (no 6.) 3e JOUR.	4e CLASSE. (no 7.) 2e JOUR.
1re DICTÉE.			
Attention! ————	5e CLASSE, *écrivez!* . . . . . ————	*Attention*, 4e CLASSE! *Écrivez* le nombre 40, *Attention!* embarqués, etc.	
Attention, 1re CLASSE! *Faites* plusieurs fois la voyelle *o*.	*Attention*, 2e CLASSE! *Écrivez* le nombre 40, *Attention!* chat.	*Attention*, 3e CLASSE! *Écrivez* le nombre 40, *Attention!* PARFAIT DÉFINI. J'aimai les douillettes.	*Attention*, 4e CLASSE! *Écrivez* le nombre 40, *Attention!* pour exaucer, etc.
2e DICTÉE.			
Attention, 1re CLASSE! *Faites* les consonnes *p*, *q*, r, r, s.	*Attention*, 2e CLASSE! *Écrivez* le nombre 41, 42, 43, *Attention!* chef, choc, chou.	*Attention*, 3e CLASSE! *Écrivez* le nombre 41, 42, 43, *Attention!* Tu aimas les drogueries.	*Attention*, 4e CLASSE! *Écrivez* le nombre 41, 42, 43, *Attention!* cet excellent, etc.
3e DICTÉE.			
Attention, 1re CLASSE! *Faites* les consonnes *s*, *t*, la voyelle *u* et la consonne *v*.	*Attention*, 2e CLASSE! *Écrivez* le nombre 44, 45, 46, *Attention!* ciel, cinq, clef, clos.	*Attention*, 3e CLASSE! *Écrivez* le nombre 44, 45, 46, *Attention!* Il ou elle aima cette duchesse. — N. aimâmes cette dynastie.	*Attention*, 4e CLASSE! *Écrivez* le nombre 44, 45, 46, *Attention!* l'empreinte, etc.
4e DICTÉE.			
Attention, 1re CLASSE! *Faites* les consonnes *w*, *x*, la voyelle *y* et la consonne *z*.	*Attention*, 2e CLASSE! *Écrivez* le nombre 47, 48, 49, *Attention!* clou, coin, coup, cour.	*Attention*, 3e CLASSE! *Écrivez* le nombre 47, 48, 49, *Attention!* V. aimâtes les ébauches. — Ils ou elles aimèrent l'écarlate.	*Attention*, 4e CLASSE! *Écrivez* le nombre 47, 48, 49, *Attention!* les ébauches, etc. — son exaltation, etc. — franchement, etc.

39ᵉ JOUR.

1ʳᵉ CLASSE. (nº 5.) 7ᵉ JOUR.	2ᵉ CLASSE. (nº 5.) 7ᵉ JOUR.	3ᵉ CLASSE. (nº 6.) 4ᵉ JOUR.	4ᵉ CLASSE. (nº 7.) 3ᵉ JOUR.
1ʳᵉ DICTÉE.			
Attention! —— 5ᵉ CLASSE, *écrivez!* . . . . —— *Attention,* 4ᵉ CLASSE! *Écrivez* le nombre 40, *Attention!* embarqués, etc. 1ʳᵉ et 2ᵉ CLASSES, *copiez vos modèles!*			
» »	» »	*Attention,* 3ᵉ CLASSE! *Écrivez* le nombre 40, *Attention!* PARFAIT INDÉFINI. J'ai aimé votre écharpe.	*Attention,* 4ᵉ CLASSE! *Écrivez* le nombre 40, *Attention!* pour exaucer, etc.
2ᵉ DICTÉE.			
» »	» »	*Attention,* 3ᵉ CLASSE! *Écrivez* le nombre 41, 42, 43, *Attention!* tu as aimé mon écureuil.	*Attention,* 4ᵉ CLASSE! *Écrivez* le nombre 41, 42, 43, *Attention!* cet excellent, etc.
3ᵉ DICTÉE.			
» »	» »	*Attention,* 3ᵉ CLASSE! *Écrivez* le nombre 44, 45, 46, *Attention!* il ou elle a aimé l'églantier. — n. avons aimé vos embrassements.	*Attention,* 4ᵉ CLASSE! *Écrivez* le nombre 44, 45, 46, *Attention!* l'empreinte, etc.
4ᵉ DICTÉE.			
» »	» »	*Attention,* 3ᵉ CLASSE! *Écrivez* le nombre 47, 48, 49, *Attention!* v. avez aimé l'emphâse. — ils ou elles ont aimé mon enjouement.	*Attention,* 4ᵉ CLASSE! *Écrivez* le nombre 47, 48, 49, *Attention!* les ébauches, etc. — son exaltation, etc. — franchement, etc.

40ᵉ JOUR.

1ʳᵉ CLASSE. (nº 5.) 8ᵉ JOUR.	2ᵉ CLASSE. (n. 5.) 8ᵉ JOUR.	3ᵉ CLASSE. (nº 6.) 5ᵉ JOUR.	4ᵉ CLASSE. (n. 7.) 4ᵉ JOUR.
1ʳᵉ DICTÉE.			
Attention!	5ᵉ CLASSE, *écrivez!*	*Attention*, 4ᵉ CLASSE! *Écrivez* le nombre 40, *Attention!* embarqués, etc.	
1ʳᵉ et 2ᵉ CLASSES, *copiez vos modèles!*			
» »	» »	*Attention*, 3ᵉ CLASSE! *Écrivez* le nombre 40, *Attention!* PARFAIT ANTÉRIEUR. J'eus aimé son épagneul.	*Attention*, 4ᵉ CLASSE! *Écrivez* le nombre 40, *Attention!* pour exaucer, etc.
2ᵉ DICTÉE.			
» »	» »	*Attention*, 3ᵉ CLASSE! *Écrivez* le nombre 41, 42, 43, *Attention!* Tu eus aimé l'Euphonie.	*Attention*, 4ᵉ CLASSE! *Écrivez* le nombre 41, 42, 43, *Attention!* cet excellent, etc.
3ᵉ DICTÉE.			
» »	» »	*Attention*, 3ᵉ CLASSE! *Écrivez* le nombre 44, 45, 46, *Attention!* Il ou elle eut aimé l'Europe. — N. eûmes aimé cet ermitage.	*Attention*, 4ᵉ CLASSE! *Écrivez* le nombre 44, 45, 46, *Attention!* l'empreinte, etc.
4ᵉ DICTÉE.			
» »	» »	*Attention*, 3ᵉ CLASSE! *Écrivez* le nombre 47, 48, 49, *Attention!* V. eûtes aimé l'évangile. — Ils ou elles eurent aimé son exaltation.	*Attention*, 4ᵉ CLASSE! *Écrivez* le nombre 47, 48, 49, *Attention!* les ébauches, etc. — son exaltation, etc. — franchement, etc.

41e JOUR.

1re Classe. (no 6.) 1er Jour.	2e Classe. (no 6.) 1er Jour.	3e Classe. (no 6.) 6e Jour.	4e Classe. (no 7.) 5e Jour.

1re DICTÉE.

Attention! ——— 5e Classe, *écrivez!* . . . . ——— *Attention*, 4e Classe! *Écrivez* le nombre 50, *Attention!* embarqués, etc.

Attention, 1re Classe!	*Attention*, 2e Classe!	*Attention*, 3e Classe!	*Attention*, 4e Classe!
Faites la lettre majuscule *A.*	*Écrivez* le nombre 50, *Attention!* cran.	*Écrivez* le nombre 50, *Attention!* Plus-que-parfait. J'avais aimé ces exemples. — tu avais aimé ces exhortations. — il ou elle avait aimé son exorde.	*Écrivez* le nombre 50, *Attention!* pour exaucer, etc.

2e DICTÉE.

Attention, 1re Classe!	*Attention*, 2e Classe!	*Attention*, 3e Classe!	*Attention*, 4e Classe!
Faites les lettres majuscules *B, C, D.*	*Écrivez* le nombre 51, 52, 53, *Attention!* cric, crin, croc.	*Écrivez* le nombre 51, 52, 53, *Attention!* n. avions aimé votre expédient. — v. aviez aimé cette fabrique. — ils ou elles avaient aimé cette façade.	*Écrivez* le nombre 51, 52, 53, *Attention!* cet excellent, etc.

3e DICTÉE.

Attention, 1re Classe!	*Attention*, 2e Classe!	*Attention*, 3e Classe!	*Attention*, 4e Classe!
Faites les lettres majuscules *E, F.*	*Écrivez* le nombre 54, 55, 56, *Attention!* cuir, czar. Daim, dais.	*Écrivez* le nombre 54, 55, 56, *Attention!* Futur. J'aimerai sa famille. — Tu aimeras les fanfarons. — Il ou elle aimera la fécule.	*Écrivez* le nombre 54, 55, 56, *Attention!* l'empreinte, etc.

4e DICTÉE.

Attention, 1re Classe!	*Attention*, 2e Classe!	*Attention*, 3e Classe!	*Attention*, 4e Classe!
Faites les lettres majuscules *G, H.*	*Écrivez* le nombre 57, 58, 59, *Attention!* dard, dent, deux, drap.	*Écrivez* le nombre 57, 58, 59, *Attention!* N. aimerons sa fermeté. — V. aimerez le feuillage. — Ils ou elles aimeront sa figure.	*Écrivez* le nombre 57, 58, 59, *Attention!* les ébauches, etc. — son exaltation, etc. — franchement, etc.

42e JOUR.

1re Classe. (n. 6) 2e Jour.	2e Classe. (n. 6.) 2e Jour.	3e Classe. (n. 6.) 7e Jour.	4e Classe. (n. 7.) 6e Jour.
1re DICTÉE.			
Attention! ——— 5e Classe, *écrivez!* . . . . 3e et 4e Classes, *copiez vos modèles!*			
Attention, 1re Classe! *Faites* la lettre majuscule *A.*	*Attention*, 2e Classe! *Écrivez* le nombre 50, *Attention!* cran.	» »	» »
2e DICTÉE.			
Attention, 1re Classe! *Faites* les lettres majuscules *B, C, D.*	*Attention*, 2e Classe! *Écrivez* le nombre 51, 52, 53, *Attention!* cric, crin, croc.	» »	» »
3e DICTÉE.			
Attention, 1re Classe! *Faites* les lettres majuscules *E, F.*	*Attention*, 2e Classe! *Écrivez* le nombre 54, 55, 56, *Attention!* cuir, czar. Daim, dais.	» »	» »
4e DICTÉE.			
Attention, 1re Classe! *Faites* les lettres majuscules *G, H.*	*Attention*, 2e Classe! *Écrivez* le nombre 57, 58, 59, *Attention!* dard, dent, deux, drap.	» »	» »

1re Classe. (no 6) 3e Jour.	2e Classe. (no 6) 3e Jour.	3e Classe. (no 7.) 1er Jour.	4e Classe. (no 8.) 1er Jour.

1re DICTÉE.

Attention! ———— 5e Classe, *écrivez!* . . . . ———— *Attention,* 4e Classe! *Écrivez* le nombre 50, *Attention!* on folâtra, etc.

Attention, 1re Classe!	*Attention,* 2e Classe!	*Attention,* 3e Classe!	*Attention,* 4e Classe!
Faites la lettre majuscule *I.*	*Écrivez* le nombre 50, *Attention!* cran.	*Écrivez* le nombre 50, *Attention!* Futur passé. J'aurai aimé (*) sa finesse.	*Écrivez* le nombre 50, *Attention!* fadaises, etc.

2e DICTÉE.

Attention, 1re Classe!	*Attention,* 2e Classe!	*Attention,* 3e Classe!	*Attention,* 4e Classe!
Faites les lettres majuscules *K, L.*	*Écrivez* le nombre 51, 52, 53, *Attention!* cric, crin, croc.	*Écrivez* le nombre 51, 52, 53, *Attention!* tu auras aimé ses flagorneries.	*Écrivez* le nombre 51, 52, 53, *Attention!* leur faillite, etc.

3e DICTÉE.

Attention, 1re Classe!	*Attention,* 2e Classe!	*Attention,* 3e Classe!	*Attention,* 4e Classe!
Faites les lettres majuscules *M, N.*	*Écrivez* le nombre 54, 55, 56, *Attention!* cuir, czar. Daim, dais.	*Écrivez* le nombre 54, 55, 56, *Attention!* il ou elle aura aimé la flatterie. — n. aurons aimé sa flexibilité.	*Écrivez* le nombre 54, 55, 56, *Attention!* ta faiblesse, etc.

4e DICTÉE.

Attention, 1re Classe!	*Attention,* 2e Classe!	*Attention,* 3e Classe!	*Attention,* 4e Classe!
Faites les lettres majuscules *O, P.*	*Écrivez* le nombre 57, 58, 59, *Attention!* dard, dent, deux, drap.	*Écrivez* le nombre 57, 58, 59, *Attention!* v. aurez aimé à folâtrer. — i. ou e. auront aimé ses fonctions.	*Écrivez* le nombre 57, 58, 59, *Attention!* un ferblantier, etc. — la fourniture, etc. — le frontispice, etc.

(*) Le passé *aimé* ne doit plus être épelé que par un élève désigné par le professeur.

44e JOUR.

1re Classe. (no 6.) 4e Jour.	2e Classe. (n. 6) 4e Jour.	3e Classe. (no 7.) 2e Jour.	4e Classe. (no 8.) 2e Jour.

1re DICTÉE.

Attention! ———— 5e Classe, *écrivez!* . . . . . . ———— *Attention*, 4e Classe! *Écrivez* le nombre 50, *Attention!* on folâtra, etc.

Attention, 1re Classe!	*Attention*, 2e Classe!	*Attention*, 3e Classe!	*Attention*, 4e Classe!
Faites la lettre majuscule *I.*	*Écrivez* le nombre 50, *Attention!* Eau.	*Écrivez* le nombre 50, *Attention!* Conditionnel présent. J'aimerais cette fontaine. — Tu aimerais la fortune. — Il ou elle aimerait votre fougue.	*Écrivez* le nombre 50, *Attention!* fadaises, etc.

2e DICTÉE.

Attention, 1re Classe!	*Attention*, 2e Classe!	*Attention*, 3e Classe!	*Attention*, 4e Classe!
Faites les lettres majuscules *K, L.*	*Écrivez* le nombre 51, 52, 53, *Attention!* Faim, faix, faon (*).	*Écrivez* le nombre 51, 52, 53, *Attention!* Nous aimerions les fourrures. — Vous aimeriez ces fragments. — Ils ou elles aimeraient ta fraîcheur.	*Écrivez* le nombre 51, 52, 53, *Attention!* leur faillite, etc.

3e DICTÉE.

Attention, 1re Classe!	*Attention*, 2e Classe!	*Attention*, 3e Classe!	*Attention*, 4e Classe!
Faites les lettres majuscules *M, N.*	*Écrivez* le nombre 54, 55, 56, *Attention!* faux, fils, flot, flux.	*Écrivez* le nombre 54, 55, 56, *Attention!* Passé. J'aurais aimé les framboises. — tu aurais aimé sa franchise. — il ou elle aurait aimé ce freluquet.	*Écrivez* le nombre 54, 55, 56, *Attention!* ta faiblesse, etc.

4e DICTÉE.

Attention, 1re Classe!	*Attention*, 2e Classe!	*Attention*, 3e Classe!	*Attention*, 4e Classe!
Faites les lettres majuscules *O, P.*	*Écrivez* le nombre 57, 58, 59, *Attention!* foie, foin, fois, fond.	*Écrivez* le nombre 57, 58, 59, *Attention!* n. aurions aimé les friandises. — v. auriez aimé le fricandeau. — ils ou elles auraient aimé le fromage.	*Écrivez* le nombre 57, 58, 59, *Attention!* un ferblantier, etc. — la fourniture, etc. — le frontispice, etc.

(*) Prononcez *fan.*

45ᵉ JOUR.

1ʳᵉ Classe. (nº 6.) 5ᵉ *Jour.*	2ᵉ Classe. (nº 6.) 5ᵉ *Jour.*	3ᵉ Classe. (nº 7.) 3ᵉ *Jour.*	4ᵉ Classe. (nº 8.) 3ᵉ *Jour.*
1ʳᵉ DICTÉE.			
Attention! ———— 5ᵉ Classe, *écrivez!* . . . . . . ———— *Attention*, 4ᵉ Classe! *Écrivez* le nombre 50, *Attention!* on folâtra, etc.			
Attention, 1ʳᵉ Classe! *Faites* la lettre majuscule *Q*.	*Attention*, 2ᵉ Classe! *Écrivez* le nombre 50, *Attention!* Eau.	*Attention*, 3ᵉ Classe! *Écrivez* le nombre 50, *Attention!* On dit aussi : J'eusse aimé le frontignan. — Tu eusses aimé la frugalité.	*Attention*, 4ᵉ Classe! *Écrivez* le nombre 50, *Attention!* fadaises, etc.
2ᵉ DICTÉE.			
Attention, 1ʳᵉ Classe! *Faites* les lettres majuscules *R*, *S*.	*Attention*, 2ᵉ Classe! *Écrivez* le nombre 51, 52, 53, *Attention!* Faim, faix, faon.	*Attention*, 3ᵉ Classe! *Écrivez* le nombre 51, 52, 53, *Attention!* Il ou elle eut aimé les futilités. — Nous eussions aimé la gageure.	*Attention*, 4ᵉ Classe! *Écrivez* le nombre 51, 52, 53, *Attention!* leur faillite, etc.
3ᵉ DICTÉE.			
Attention, 1ʳᵉ Classe! *Faites* les lettres majuscules *T*, *U*, *V*.	*Attention*, 2ᵉ Classe! *Écrivez* le nombre 54, 55, 56, *Attention!* faux, fils, flot, flux.	*Attention*, 3ᵉ Classe! *Écrivez* le nombre 54, 55, 56, *Attention!* Vous eussiez aimé les gambades. — Ils ou elles eussent aimé les gantelets.	*Attention*, 4ᵉ Classe! *Écrivez* le nombre 54, 55, 56, *Attention!* ta faiblesse, etc.
4ᵉ DICTÉE.			
Attention, 1ʳᵉ Classe! *Faites* les lettres majuscules *X*, *Y*, *Z*.	*Attention*, 2ᵉ Classe! *Écrivez* le nombre 57, 58, 59, *Attention!* foie, foin, fois, fond.	*Attention*, 3ᵉ Classe! *Écrivez* le nombre 57, 58, 59, *Attention!* Impératif. Aime la géographie. — Aimons sa gracieuseté. — Aimez la grammaire.	*Attention*, 4ᵉ Classe! *Écrivez* le nombre 57, 58, 59, *Attention!* un ferblantier, etc. — la fourniture, etc. — le frontispice, etc.

1ʳᵉ CLASSE. (nº 6.) 6ᵉ *Jour.*	2ᵉ CLASSE. (nº 6.) 6ᵉ *Jour.*	3ᵉ CLASSE. (nº 7.) 4ᵉ *Jour.*	4ᵉ CLASSE. (nº 8.) 4ᵉ *Jour.*

1ʳᵉ DICTÉE.

Attention! ———— 5ᵉ CLASSE, *écrivez!* . . . . . ———— *Attention*, 4ᵉ CLASSE! *Écrivez* le nombre 50, *Attention!* on folâtra, etc.

Attention, 1ʳᵉ CLASSE! *Faites* la lettre majuscule *Q.*	*Attention*, 2ᵉ CLASSE! *Écrivez* le nombre 50, *Attention!* Eau.	*Attention*, 3ᵉ CLASSE! *Écrivez* le nombre 50, *Attention!* SUBJONCTIF PRÉSENT. Que j'aime à me gargariser.— Que tu aimes les garnitures. — Qu'il ou qu'elle aime le gaspillage.	*Attention*, 4ᵉ CLASSE! *Écrivez* le nombre 50, *Attention!* fadaises, etc.

2ᵉ DICTÉE.

Attention, 1ʳᵉ CLASSE! *Faites* les lettres majuscules *R, S.*	*Attention*, 2ᵉ CLASSE! *Écrivez* le nombre 51, 52, 53, *Attention!* Faim, faix, faon.	*Attention*, 3ᵉ CLASSE! *Écrivez* le nombre 51, 52, 53, *Attention!* Que nous aimions les gaufres. — Que vous aimiez les gâteaux. — Qu'ils ou qu'elles aiment le gazouillement.	*Attention*, 4ᵉ CLASSE! *Écrivez* le nombre 51, 52, 53, *Attention!* leur faillite, etc.

3ᵉ DICTÉE.

Attention, 1ʳᵉ CLASSE! *Faites* les lettres majuscules *T, U, V.*	*Attention*, 2ᵉ CLASSE! *Écrivez* le nombre 54, 55, 56, *Attention!* faux, fils, flot, flux.	*Attention*, 3ᵉ CLASSE! *Écrivez* le nombre 54, 55, 56, *Attention!* IMPARFAIT. Que j'aimasse la gélatine. — Que tu aimasses ce général. — Qu'il ou qu'elle aimât le genièvre.	*Attention*, 4ᵉ CLASSE! *Écrivez* le nombre 54, 55, 56, *Attention!* la faiblesse, etc.

4ᵉ DICTÉE.

Attention, 1ʳᵉ CLASSE! *Faites* les lettres majuscules *X, Y, Z.*	*Attention*, 2ᵉ CLASSE! *Écrivez* le nombre 57, 58, 59, *Attention!* foie, foin, fois, fond.	*Attention*, 3ᵉ CLASSE! *Écrivez* le nombre 57, 58, 59, *Attention!* Que nous aimassions ce gentilhomme. — Que vous aimassiez sa gentillesse. — Qu'ils ou qu'elles aimassent les gerbes.	*Attention*, 4ᵉ CLASSE! *Écrivez* le nombre 57, 58, 59, *Attention!* un ferblantier, etc. — la fourniture, etc. — le frontispice, etc.

(¹) Que ne doit plus être épelé que par un élève désigné par le professeur.

47e *JOUR.*

1re CLASSE. (no 6.) 7e *JOUR.*	2e CLASSE. (no 6.) 7e *JOUR.*	3e CLASSE. (no 7.) 5e *JOUR.*	4e CLASSE. (no 8.) 5e *JOUR.*

1re DICTÉE.

Attention! ——— 5e CLASSE, *écrivez!* . . . . ——— ***Attention*, 4e CLASSE!** ***Écrivez*** le nombre 50, ***Attention!*** on folâtra, etc.

1re et 2e CLASSES, ***copiez vos modèles!***

» »	» »	***Attention*, 3e CLASSE!** ***Écrivez*** le nombre 50, ***Attention!*** **PASSÉ.** Que j'aie aimé la gibelotte. — q. tu aies aimé le gigot. — q. ou q. aient aimé la gingembre.	***Attention*, 4e CLASSE!** ***Écrivez*** le nombre 50, ***Attention!*** fadaises, etc.

2e DICTÉE.

» »	» »	***Attention*, 3e CLASSE!** ***Écrivez*** le nombre 51, 52, 53, ***Attention!*** q. n. ayons aimé les glissades. — q. v. ayez aimé ma gondole. — q. ou q. aient aimé la gomme.	***Attention*, 4e CLASSE!** ***Écrivez*** le nombre 51, 52, 53, ***Attention!*** leur faillite, etc.

3e DICTÉE.

» »	» »	***Attention*, 3e CLASSE!** ***Écrivez*** le nombre 54, 55, 56, ***Attention!*** **PLUS-QUE-PARFAIT.** Que j'eusse aimé le gouverneur. — Que tu eusses aimé graduellement. — Qu'il ou qu'elle eût aimé la graisse.	***Attention*, 4e CLASSE!** ***Écrivez*** le nombre 54, 55, 56, ***Attention!*** la faiblesse, etc.

4e DICTÉE.

» »	» »	***Attention*, 3e CLASSE!** ***Écrivez*** le nombre 57, 58, 59, ***Attention!*** Que nous eussions aimé les grandeurs. — Que vous eussiez aimé la gravure. — Qu'ils ou qu'elles eussent aimé les grenades.	***Attention*, 4e CLASSE!** ***Écrivez*** le nombre 57, 58, 59, ***Attention!*** un ferblantier, etc. — la fourniture, etc. — le frontispice, etc.

1re CLASSE. (no 6.) 8e JOUR.	2e CLASSE. (n. 6.) 8e JOUR.	3e CLASSE. (no 7.) 6e JOUR.	4e CLASSE. (n. 8.) 6e JOUR.

1re DICTÉE.

Attention! ——— 5e CLASSE, *écrivez!* . . . .

1re, 2e et 3e CLASSES, *copiez vos modèles!*

» »	» »	*Attention*, 3e CLASSE! *Écrivez* le nombre 50, *Attention!* INFINITIF PRÉSENT. Aimer le christianisme.	» »

2e DICTÉE.

» »	» »	*Attention*, 3e CLASSE! *Écrivez* le nombre 51, 52, 53, *Attention!* PASSÉ. Avoir aimé le chrysocale (*).	» »

3e DICTÉE.

» »	» »	*Attention*, 3e CLASSE! *Écrivez* le nombre 54, 55, 56, *Attention!* PARTICIPE PRÉSENT. Aimant les cigognes.	» »

4e DICTÉE.

» »	» »	*Attention*, 3e CLASSE! *Écrivez* le nombre 57, 58, 59, *Attention!* PASSÉ. Ayant aimé à cingler. FUTUR. Devant aimer l'harmonie.	» »

(*) Ou mieux chrysocalque.

49e JOUR.

1re CLASSE. (n° 7.) 1er JOUR.	2e CLASSE. (n° 7.) 1er JOUR.	3e CLASSE. (n° 7.) 7e JOUR.	4e CLASSE. (n° 9.) 1er JOUR.
1re DICTÉE.			
Attention! ——— 5e CLASSE, *écrivez!* . . . . ——— *Attention*, 4e CLASSE! *Écrivez* le nombre 60, *Attention!* Gratifiez-moi, etc. 3e CLASSE, *copiez votre modèle!*			
Attention, 1re CLASSE! *Faites* plusieurs fois la voyelle *a*.	*Attention*, 2e CLASSE! *Écrivez* le nombre 60, *Attention!* fort.	» »	*Attention*, 4e CLASSE! *Écrivez* le nombre 60, *Attention!* le gouverneur, etc.
2e DICTÉE.			
Attention, 1re CLASSE! *Faites* les voyelles *e*, *i*.	*Attention*, 2e CLASSE! *Écrivez* le nombre 61, 62, 63, *Attention!* four, froc. Gain.	» »	*Attention*, 4e CLASSE! *Écrivez* le nombre 61, 62, 63, *Attention!* notre gondole, etc.
3e DICTÉE.			
Attention, 1re CLASSE! *Faites* les voyelles *o*, *u*.	*Attention*, 2e CLASSE! *Écrivez* le nombre 64, 65, 66, *Attention!* gant, geai, gens, goût.	» »	*Attention*, 4e CLASSE! *Écrivez* le nombre 64, 65, 66, *Attention!* la grossièreté, etc.
4e DICTÉE.			
Attention, 1re CLASSE! *Faites* la voyelle *y*.	*Attention*, 2e CLASSE! *Écrivez* le nombre 67, 68, 69, *Attention!* grès, gril, grue. Haie.	» »	*Attention*, 4e CLASSE! *Écrivez* le nombre 67, 68, 69, *Attention!* Guillaume, etc. — Grégoire, etc. — la Hardiesse, etc.

50e *JOUR.*

1re Classe. (n. 7.) 2e *Jour.*	2e Classe. (n. 7.) 2e *Jour.*	3e Classe. (n. 8.) 1er *Jour.*	4e Classe. (n. 9.) 2e *Jour.*

1re DICTÉE.

Attention! ———— 5e Classe, *écrivez!* . . . . ———— *Attention*, 4e Classe! *Écrivez* le nombre 60, *Attention!* Gratifiez-moi, etc.

Attention, 1re Classe!	*Attention*, 2e Classe!	*Attention*, 3e Classe!	*Attention*, 4e Classe!
Faites plusieurs fois la consonne *b*.	*Écrivez* le nombre 60, *Attention!* fort.	*Écrivez* le nombre 60, *Attention!* Indicatif présent. Je finis mon gribouillage.	*Écrivez* le nombre 60, *Attention!* le gouverneur, etc.

2e DICTÉE.

Attention, 1re Classe!	*Attention*, 2e Classe!	*Attention*, 3e Classe!	*Attention*, 4e Classe!
Faites les consonnes *c*, *d*, *f*.	*Écrivez* le nombre 61, 62, 63, *Attention!* four, froc. Gain.	*Écrivez* le nombre 61, 62, 63, *Attention!* tu finis ton griffonnage.	*Écrivez* le nombre 61, 62, 63, *Attention!* notre gondole, etc.

3e DICTÉE.

Attention, 1re Classe!	*Attention*, 2e Classe!	*Attention*, 3e Classe!	*Attention*, 4e Classe!
Faites les consonnes *g*, *h*, *j*.	*Écrivez* le nombre 64, 65, 66, *Attention!* gant, geai, gens, goût.	*Écrivez* le nombre 64, 65, 66, *Attention!* il ou elle finit ses grincements. — n. finissons nos grognements.	*Écrivez* le nombre 64, 65, 66, *Attention!* la grossièreté, etc.

4e DICTÉE.

Attention, 1re Classe!	*Attention*, 2e Classe!	*Attention*, 3e Classe!	*Attention*, 4e Classe!
Faites les consonnes *k*, *l*.	*Écrivez* le nombre 67, 68, 69, *Attention!* grès, gril, grue. Haie.	*Écrivez* le nombre 67, 68, 69, *Attention!* v. finissez en grondant. — i. ou e. finissent les groseilles.	*Écrivez* le nombre 67, 68, 69, *Attention!* Guillaume, etc. — Grégoire, etc. — la Hardiesse, etc.

51ᵉ *JOUR.*

1re Classe. (nº 7.) 3e *Jour.*	2e Classe. (nº 7) 3e *Jour.*	3e Classe. (nº 8.) 2e *Jour.*	4e Classe. (nº 9.) 3e *Jour.*

1re DICTÉE.

Attention! ———— 5e Classe, *écrivez!* . . . . ———— *Attention,* 4e Classe! *Écrivez* le nombre 60, *Attention!* Gratifiez-moi, etc.

Attention, 1re Classe!	*Attention,* 2e Classe!	*Attention,* 3e Classe!	*Attention,* 4e Classe!
Faites plusieurs fois la consonne *m.*	*Écrivez* le nombre 60, *Attention!* fort.	*Écrivez* le nombre 60, *Attention!* Imparfait. Je finissais ma guimauve.	*Écrivez* le nombre 60, *Attention!* le gouverneur, etc.

2e DICTÉE.

Attention, 1re Classe!	*Attention,* 2e Classe!	*Attention,* 3e Classe!	*Attention,* 4e Classe!
Faites les consonnes *n, p, q.*	*Écrivez* le nombre 61, 62, 63, *Attention!* four, froc. Gain,	*Écrivez* le nombre 61, 62, 63, *Attention!* tu finissais la guimbarde.	*Écrivez* le nombre 61, 62, 63, *Attention!* notre gondole, etc.

3e DICTÉE.

Attention, 1re Classe!	*Attention,* 2e Classe!	*Attention,* 3e Classe!	*Attention,* 4e Classe!
Faites les consonnes *r, s, t.*	*Écrivez* le nombre 64, 65, 66, *Attention!* gant, geai, gens, goût.	*Écrivez* le nombre 64, 65, 66, *Attention!* il ou elle finissait la guirlande. — n. finissions habilement.	*Écrivez* le nombre 64, 65, 66, *Attention!* la grossièreté, etc.

4e DICTÉE.

Attention, 1re Classe!	*Attention,* 2e Classe!	*Attention,* 3e Classe!	*Attention,* 4e Classe!
Faites les consonnes *v, x, z.*	*Écrivez* le nombre 67, 68, 69, *Attention!* grès, gril, grue. Haie.	*Écrivez* le nombre 67, 68, 69, *Attention!* v. finissiez son habillement. — i. ou e. finissaient la hachure.	*Écrivez* le nombre 67, 68, 69, *Attention!* Guillaume, etc. — Grégoire, etc. — la Hardiesse, etc.

52e JOUR.

1re Classe. (n° 7.) 4e Jour.	2e Classe. (n. 7.) 4e Jour.	3e Classe. (n° 8.) 3e Jour.	4e Classe. (n° 9.) 4e Jour.

1re DICTÉE.

Attention! ———— 5e Classe, *écrivez!* . . . . . ———— *Attention*, 4e Classe! *Écrivez* le nombre 60, *Attention!* Gratifiez-moi, etc.

Attention, 1re Classe!	*Attention*, 2e Classe!	*Attention*, 3e Classe!	*Attention*, 4e Classe!
Faites des zéro 0 0 0.	*Écrivez* le nombre 60, *Attention!* houx.	*Écrivez* le nombre 60, *Attention!* Parfait. Je finis la hallebarde.	*Écrivez* le nombre 60, *Attention!* le gouverneur, etc.

2e DICTÉE.

Attention, 1re Classe!	*Attention*, 2e Classe!	*Attention*, 3e Classe!	*Attention*, 4e Classe!
Faites les chiffres 1, 2, 3.	*Écrivez* le nombre 61, 62, 63, *Attention!* huit. Joie, jonc.	*Écrivez* le nombre 61, 62, 63, *Attention!* Tu finis ta harangue.	*Écrivez* le nombre 61, 62, 63, *Attention!* notre gondole, etc.

3e DICTÉE.

Attention, 1re Classe!	*Attention*, 2e Classe!	*Attention*, 3e Classe!	*Attention*, 4e Classe!
Faites les chiffres 4, 5, 6.	*Écrivez* le nombre 64, 65, 66, *Attention!* joue, jour. Laie, lait.	*Écrivez* le nombre 64, 65, 66, *Attention!* Il ou elle finit par le harponner. — Nous finîmes avec hauteur.	*Écrivez* le nombre 64, 65, 66, *Attention!* la grossièreté, etc.

4e DICTÉE.

Attention, 1re Classe!	*Attention*, 2e Classe!	*Attention*, 3e Classe!	*Attention*, 4e Classe!
Faites les chiffres 7, 8, 9.	*Écrivez* le nombre 67, 68, 69, *Attention!* laps, legs, lion, loir.	*Écrivez* le nombre 67, 68, 69, *Attention!* Vous finîtes par l'héberger. — Ils ou elles finirent leur hémistiche.	*Écrivez* le nombre 67, 68, 69, *Attention!* Guillaume, etc. — Grégoire, etc. — la Hardiesse, etc.

1re Classe. (no 7.) 5e Jour.	2e Classe. (no 7.) 5e Jour.	3e Classe. (no 8.) 4e Jour.	4e Classe. (no 9.) 5e Jour.

1re DICTÉE.

Attention! ———— 5e Classe, *écrivez!* . . . . . . ———— *Attention*, 4e Classe! *Écrivez* le nombre 60, *Attention!* Gratifiez-moi, etc.

Attention, 1re Classe!	*Attention*, 2e Classe!	*Attention*, 3e Classe!	*Attention*, 4e Classe!
Faites des 0 0 0.	*Écrivez* le nombre 60, *Attention!* houx.	*Écrivez* le nombre 60, *Attention!* Parfait indéfini. J'ai fini mes vers hexamètres.	*Écrivez* le nombre 60, *Attention!* le gouverneur, etc.

2e DICTÉE.

Attention, 1re Classe!	*Attention*, 2e Classe!	*Attention*, 3e Classe!	*Attention*, 4e Classe!
Faites les chiffres 1, 2, 3.	*Écrivez* le nombre 61, 62, 63, *Attention!* huit. Joie, jonc.	*Écrivez* le nombre 61, 62, 63, *Attention!* tu as fini ton histoire.	*Écrivez* le nombre 61, 62, 63, *Attention!* notre gondole, etc.

3e DICTÉE.

Attention, 1re Classe!	*Attention*, 2e Classe!	*Attention*, 3e Classe!	*Attention*, 4e Classe!
Faites les chiffres 4, 5, 6.	*Écrivez* le nombre 64, 65, 66, *Attention!* joue, jour. Laie, lait.	*Écrivez* le nombre 64, 65, 66, *Attention!* il ou elle a fini avec hilarité. — n. avons fini avec ce hobereau.	*Écrivez* le nombre 64, 65, 66, *Attention!* la grossièreté, etc.

4e DICTÉE.

Attention, 1re Classe!	*Attention*, 2e Classe!	*Attention*, 3e Classe!	*Attention*, 4e Classe!
Faites les chiffres 7, 8, 9.	*Écrivez* le nombre 67, 68, 69, *Attention!* laps, legs, lion, loir.	*Écrivez* le nombre 67, 68, 69, *Attention!* v. avez fini votre homélie. — i. ou e. ont fini avec honneur.	*Écrivez* le nombre 67, 68, 69, *Attention!* Guillaume, etc. — Grégoire, etc. — la Hardiesse, etc.

54e JOUR.

1re Classe. (n° 7.) 6e Jour.	2e Classe. (n° 7.) 6e Jour.	3e Classe. (n° 8.) 5e Jour.	4e Classe. (n° 9.) 6e Jour.

1re DICTÉE.

Attention! ———— 5e Classe, *écrivez!* . . . . .

4e Classe, *copiez votre modèle!*

Attention, 1re Classe! *Faites* des zéro 0 0 0.	*Attention*, 2e Classe! *Écrivez* le nombre 60, *Attention!* houx.	*Attention*, 3e Classe! *Écrivez* le nombre 60, *Attention!* Parfait antérieur. J'eus fini votre horloge. — tu eus fini tout le houblon. — i. ou e. eut fini toute la houille.	» »

2e DICTÉE.

Attention, 1re Classe! *Faites* les chiffres 1, 2, 3.	*Attention*, 2e Classe! *Écrivez* le nombre 61, 62, 63, *Attention!* huit. Joie, jonc,	*Attention*, 3e Classe! *Écrivez* le nombre 61, 62, 63, *Attention!* n. eûmes fini avec cet huissier. — v. eûtes fini avec humanité. — i. ou e. eurent fini humblement.	» »

3e DICTÉE.

Attention, 1re Classe! *Faites* les chiffres 4, 5, 6.	*Attention*, 2e Classe! *Écrivez* le nombre 64, 65, 66, *Attention!* joue, jour. Laie, lait.	*Attention*, 3e Classe! *Écrivez* le nombre 64, 65, 66, *Attention!* Plus-que-parfait. J'avais fini toutes les huîtres. — tu avais fini mon hymne. — i. ou e. avait fini avec hypocrisie.	» »

4e DICTÉE.

Attention, 1re Classe! *Faites* les chiffres 7, 8, 9.	*Attention*, 2e Classe! *Écrivez* le nombre 67, 68, 69, *Attention!* laps, legs, lion, loir.	*Attention*, 3e Classe! *Écrivez* le nombre 67, 68, 69, *Attention!* n. avions fini deux idylles. — v. aviez fini l'illumination. — i. ou e. avaient fini impartialement.	» »

1re CLASSE. (no 7.) 7e *Jour.*	2e CLASSE. (no 7.) 7e *Jour.*	3e CLASSE. (no 8.) 6e *Jour.*	4e CLASSE. (no 10.) 1er *Jour.*
1re DICTÉE.			
Attention! ——	5e CLASSE, *écrivez!* . . . . ——	*Attention,* 4e CLASSE! *Écrivez* le nombre 60, *Attention!* ce hanovrien, etc.	
1re et 2e CLASSES, *copiez vos modèles!*			
» »	» »	*Attention,* 3e CLASSE! *Écrivez* le nombre 60, *Attention!* FUTUR. Je finirai avec cet imprimeur. — tu finiras tes incartades. — il ou elle finira cette incision.	*Attention,* 4e CLASSE! *Écrivez* le nombre 60, *Attention!* ton hôtesse, etc.
2e DICTÉE.			
» »	» »	*Attention,* 3e CLASSE! *Écrivez* le nombre 61, 62, 63, *Attention!* n. finirons nos incursions. — v. finirez avec innocence. — i. ou e. finiront leur installation.	*Attention,* 4e CLASSE! *Écrivez* le nombre 61, 62, 63, *Attention!* ce hollandais, etc.
3e DICTÉE.			
» »	» »	*Attention,* 3e CLASSE! *Écrivez* le nombre 64, 65, 66, *Attention!* FUTUR PASSÉ. J'aurai fini (*) cet instrument. — Tu auras fini avec irrégularité. — Il ou elle aura fini avec irréflexion.	*Attention,* 4e CLASSE! *Écrivez* le nombre 64, 65, 66, *Attention!* l'héroïne, etc.
4e DICTÉE.			
» »	» »	*Attention,* 3e CLASSE! *Écrivez* le nombre 67, 68, 69, *Attention!* Nous aurons fini tout le jaconas. — Vous aurez fini avec trop de jactance. — Ils ou elles auront fini ce jambage.	*Attention,* 4e CLASSE! *Écrivez* le nombre 67, 68, 69, *Attention!* la hallebarde, etc. — un hippopotame, etc. — l'irrégularité, etc.

(*) Le passé *fini* ne doit plus être épelé que par un élève désigné par le professeur.

56e *JOUR.*

1re Classe. (n° 7.) 8e *Jour.*	2e Classe. (n. 7.) 8e *Jour.*	3e Classe. (n° 8.) 7e *Jour.*	4e Classe. (n. 10.) 2e *Jour.*

1re DICTÉE.

Attention! ———— 5e Classe, *écrivez!* . . . . ———— *Attention*, 4e Classe! *Écrivez* le nombre 60, *Attention!* ce hanovrien, etc.

1res, 2e et 3e Classes, *copiez vos modèles!*

» »	» »	» »	*Attention*, 4e Classe! *Écrivez* le nombre 60, *Attention!* ton hôtesse, etc.

2e DICTÉE.

» »	» »	» »	*Attention*, 4e Classe! *Écrivez* le nombre 61, 62, 63, *Attention!* ce hollandais, etc.

3e DICTÉE.

» »	» »	» »	*Attention*, 4e Classe! *Écrivez* le nombre 64, 65, 66, *Attention!* l'héroïne, etc.

4e DICTÉE.

» »	» »	» »	*Attention*, 4e Classe! *Écrivez* le nombre 67, 68, 69, *Attention!* la hallebarde, etc. — un hippopotame, etc. — l'Irrégularité, etc.

57e JOUR.

1re Classe. (no 8.) 1er *Jour.*	2e Classe. (no 8.) 1er *Jour.*	3e Classe. (no 9.) 1er *Jour.*	4e Classe. (no 10.) 3e *Jour.*

1re DICTÉE.

Attention! ————— 5e Classe, *écrivez!* . . . . ————— *Attention*, 4e Classe! *Écrivez* le nombre 70, *Attention!* ce hanovrien, etc.

Attention, 1re Classe!	*Attention*, 2e Classe!	*Attention*, 3e Classe!	*Attention*, 4e Classe!
Faites des accents aigus ´ ´ ´ ´	*Écrivez* le nombre 70, *Attention!* loup.	*Écrivez* le nombre 70, *Attention!* Conditionnel présent. Je finirais dans le mois de janvier.	*Écrivez* le nombre 70, *Attention!* ton hôtesse, etc.

2e DICTÉE.

Attention, 1re Classe!	*Attention*, 2e Classe!	*Attention*, 3e Classe!	*Attention*, 4e Classe!
Faites plusieurs *e* avec l'accent aigu *é é é.*	*Écrivez* le nombre 71, 72, 73, *Attention!* luth, lynx, Mail.	*Écrivez* le nombre 71, 72, 73, *Attention!* tu finirais avec le jardinier.	*Écrivez* le nombre 71, 72, 73, *Attention!* ce hollandais, etc.

3e DICTÉE.

Attention, 1re Classe!	*Attention*, 2e Classe!	*Attention*, 3e Classe!	*Attention*, 4e Classe!
Faites des accents graves ` ` ` `	*Écrivez* le nombre 74, 75, 76, *Attention!* main, marc, mars, mets.	*Écrivez* le nombre 74, 75, 76, *Attention!* il ou elle finirait ses jarretières. — n. finirions avec ce jouvenceau.	*Écrivez* le nombre 74, 75, 76, *Attention!* l'héroïne, etc.

4e DICTÉE.

Attention, 1re Classe!	*Attention*, 2e Classe!	*Attention*, 3e Classe!	*Attention*, 4e Classe!
Faites un *a* avec l'accent grave *à*, un *è*, un *ù*.	*Écrivez* le nombre 77, 78, 79, *Attention!* miel, mois, mont, mors.	*Écrivez* le nombre 77, 78, 79, *Attention!* v. finiriez toutes vos jongleries. — i. ou e. finiraient dans le mois de juillet.	*Écrivez* le nombre 77, 78, 79, *Attention!* la hallebarde, etc. — un hippopotame, etc. — l'Irrégularité, etc.

1re Classe. (n. 8.) 2e *Jour.*	2e Classe. (n. 8.) 2e *Jour.*	3e Classe. (n. 9.) 2e *Jour.*	4e Classe. (n. 10.) 4e *Jour.*

1re DICTÉE.

Attention! ———— 5e Classe, *écrivez!* . . . . ———— *Attention*, 4e Classe! *Écrivez* le nombre 70, *Attention!* ce hanovrien, etc.

Attention, 1re Classe!	*Attention*, 2e Classe!	*Attention*, 3e Classe!	*Attention*, 4e Classe!
Faites des accents circonflexes ^ ^ ^ ^	*Écrivez* le nombre 70, *Attention!* loup.	*Écrivez* le nombre 70, *Attention!* Conditionnel passé. J'aurais fini mon jugement.	*Écrivez* le nombre 70, *Attention!* ton hôtesse, etc.

2e DICTÉE.

Attention, 1re Classe!	*Attention*, 2e Classe!	*Attention*, 3e Classe!	*Attention*, 4e Classe!
Faites un *a* avec l'accent circonflexe â, un ê, un î, un ô, un û.	*Écrivez* le nombre 71, 72, 73, *Attention!* luth, lynx. Mail.	*Écrivez* le nombre 71, 72, 73, *Attention!* Tu aurais fini très-justement.	*Écrivez* le nombre 71, 72, 73, *Attention!* ce hollandais, etc.

3e DICTÉE.

Attention, 1re Classe!	*Attention*, 2e Classe!	*Attention*, 3e Classe!	*Attention*, 4e Classe!
Faites des trémas ¨ ¨ ¨ ¨	*Écrivez* le nombre 74, 75, 76, *Attention!* main, marc, mars, mets.	*Écrivez* le nombre 74, 75, 76, *Attention!* Il ou elle aurait fini son laboratoire. — Nous aurions fini ton labourage.	*Écrivez* le nombre 74, 75, 76, *Attention!* l'héroïne, etc.

4e DICTÉE.

Attention, 1re Classe!	*Attention*, 2e Classe!	*Attention*, 3e Classe!	*Attention*, 4e Classe!
Faites un *e* avec un tréma ë, un ï, un ü.	*Écrivez* le nombre 77, 78, 79, *Attention!* miel, mois, mont, mors.	*Écrivez* le nombre 77, 78, 79, *Attention!* Vous auriez fini avec lâcheté. — Ils ou elles auraient fini leur laitage.	*Écrivez* le nombre 77, 78, 79, *Attention!* la hallebarde, etc. — un hippopotame, etc. — l'Irrégularité, etc.

59e *JOUR.*

1re CLASSE. (no 8) 3e *Jour.*	2e CLASSE. (no 8) 3e *Jour.*	3e CLASSE. (no 9.) 3e *Jour.*	4e CLASSE. (no 10.) 5e *Jour.*
1re DICTÉE.			
Attention! ——————	5e CLASSE, *écrivez!* . . . . ——————	*Attention,* 4e CLASSE! *Écrivez* le nombre 70, *Attention!* ce hanovrien, etc.	
Attention, 1re CLASSE!	*Attention,* 2e CLASSE!	*Attention,* 3e CLASSE!	*Attention,* 4e CLASSE!
Faites un *c* avec un apostrophe *c',* un *d',* un *j',* un *l',* un *m'.*	*Écrivez* le nombre 70, *Attention!* loup.	*Écrivez* le nombre 70, *Attention!* ON DIT AUSSI : J'eusse fini leur lambris. — tu eusses fini les lampions.	*Écrivez* le nombre 70, *Attention!* ton hôtesse, etc.
2e DICTÉE.			
Attention, 1re CLASSE!	*Attention,* 2e CLASSE!	*Attention,* 3e CLASSE!	*Attention,* 4e CLASSE!
Faites un *n* avec un apostrophe *n',* un *r',* un *s',* un *t',* un *u'.*	*Écrivez* le nombre 71, 72, 73, *Attention!* luth, lynx. Mail.	*Écrivez* le nombre 71, 72, 73, *Attention!* il ou elle eût fini les lancettes. — nous eussions fini les lanternes.	*Écrivez* le nombre 71, 72, 73, *Attention!* ce hollandais, etc.
3e DICTÉE.			
Attention, 1re CLASSE!	*Attention,* 2e CLASSE!	*Attention,* 3e CLASSE!	*Attention,* 4e CLASSE!
Faites des cédilles ¸ ¸ ¸ ¸ .	*Écrivez* le nombre 74, 75, 76, *Attention!* main, marc, mars, mets.	*Écrivez* le nombre 74, 75, 76, *Attention!* vous eussiez fini vos largesses. — i. ou e. eussent fini avec le lauréat.	*Écrivez* le nombre 74, 75, 76, *Attention!* l'héroïne, etc.
4e DICTÉE.			
Attention, 1re CLASSE!	*Attention,* 2e CLASSE!	*Attention,* 3e CLASSE!	*Attention,* 4e CLASSE!
Faites des *c* cédilles *ç ç ç ç.*	*Écrivez* le nombre 77, 78, 79, *Attention!* miel, mois, mont, mors.	*Écrivez* le nombre 77, 78, 79, *Attention!* IMPÉRATIF. Finis ta lecture et ta leçon. — Finissons la layette de l'enfant. — Finissez moins lentement.	*Écrivez* le nombre 77, 78, 79, *Attention!* la hallebarde, etc. — un hippopotame, etc. — l'Irrégularité, etc.

60e *JOUR.*

1re Classe. (no 8.) 4e *Jour.*	2e Classe. (n. 8) 4e *Jour.*	3e Classe. (no 9.) 4e *Jour.*	5e Classe. (no 10.) 6e *Jour.*
1re DICTÉE.			
Attention! ———— 5e Classe, *écrivez!*			
4e Classe, *copiez votre modèle!*			
Attention, 1re Classe! *Faites* des virgules , , , ,	*Attention,* 2e Classe! *Écrivez* le nombre 70, *Attention!* mort.	*Attention,* 3e Classe! *Écrivez* le nombre 70, *Attention!* Subjonctif présent. Que je finisse cette légende. — Que tu finisses ce gros lexique. — Qu'il ou qu'elle finisse avec libéralité.	» »
2e DICTÉE.			
Attention, 1re Classe! *Faites* un *b* virgule, un *h,* un *k,*	*Attention,* 2e Classe! *Écrivez* le nombre 71, 72, 73, *Attention!* moue, muid, musc.	*Attention,* 3e Classe! *Écrivez* le nombre 71, 72, 73, *Attention!* Que nous finissions avec ce libraire. — Que vous finissiez avec ce lieutenant. — Qu'ils ou qu'elles finissent la ligature.	» »
3e DICTÉE.			
Attention, 1re Classe! *Faites* des points et des virgules ; ; ; ;	*Attention,* 2e Classe! *Écrivez* le nombre 74, 75, 76, *Attention!* Nain, nard, nerf, neuf.	*Attention,* 3e Classe! *Écrivez* le nombre 74, 75, 76, *Attention!* Imparfait. Que je finisse tous mes linceuls. — Que tu finisses toute la liqueur. — Qu'il ou qu'elle finît son logogriphe.	» »
4e DICTÉE.			
Attention, 1re Classe! *Faites* un *v* point et virgule; un *x;* un *u;*	*Attention,* 2e Classe! *Écrivez* le nombre 77, 78, 79, *Attention!* noix, nord, nuit. Oing.	*Attention,* 3e Classe! *Écrivez* le nombre 77, 78, 79, *Attention!* Que nous finissions à notre loisir. — Que vous finissiez avec vos louanges. — Q. ou q. finissent cette lorgnette.	» »

61e *JOUR.*

1re Classe. (no 8.) 5e *Jour.*	2e Classe. (no 8.) 5e *Jour.*	3e Classe. (no 9.) 5e *Jour.*	4e Classe. (no 11.) 1er *Jour.*

1re DICTÉE.

Attention! ———— 5e Classe, *écrivez!* . . . . . . ———— *Attention*, 4e Classe! *Écrivez* le nombre 70, *Attention!* ton innocence, etc.

Attention, 1re Classe!	*Attention*, 2e Classe!	*Attention*, 3e Classe!	*Attention*, 4e Classe!
Faites deux points : : : :	*Écrivez* le nombre 70, *Attention!* mort.	*Écrivez* le nombre 70, *Attention!* Passé. Que j'aie fini trop lourdement. — q. tu aies fini toutes tes louanges. — qu'il ou qu'elle ait fini avec loyauté.	*Écrivez* le nombre 70, *Attention!* il inspectera, etc.

2e DICTÉE.

Attention, 1re Classe!	*Attention*, 2e Classe!	*Attention*, 3e Classe!	*Attention*, 4e Classe!
Faites une *f* : un *g* : un *p* :	*Écrivez* le nombre 71, 72, 73, *Attention!* moue, muid, muse.	*Écrivez* le nombre 71, 72, 73, *Attention!* q. n. ayons fini ces deux lucarnes. — q. v. ayez fini avec lucidité. — q. ou q. aient fini lundi prochain.	*Écrivez* le nombre 71, 72, 73, *Attention!* le jardinier, etc.

3e DICTÉE.

Attention, 1re Classe!	*Attention*, 2e Classe!	*Attention*, 3e Classe!	*Attention*, 4e Classe!
Faites des points	*Écrivez* le nombre 74, 75, 76, *Attention!* Nain, nard, nerf, neuf.	*Écrivez* le nombre 74, 75, 76, *Attention!* Plus-que-parfait. Que j'eusse fini le lustre et le luth. — Que tu eusses fini avec trop de luxe. —. Qu'il ou qu'elle eût fini les macarons.	*Écrivez* le nombre 74, 75, 76, *Attention!* ce jugement, etc.

4e DICTÉE.

Attention, 1re Classe!	*Attention*, 2e Classe!	*Attention*, 3e Classe!	*Attention*, 4e Classe!
Faites un *q* un point. un *y*. un *z*.	*Écrivez* le nombre 77, 78, 79, *Attention!* noix, nord, nuit. Oing.	*Écrivez* le nombre 77, 78, 79, *Attention!* Que nous eussions fini toutes les machines. — Que vous eussiez fini la maçonnerie. — Qu'ils ou qu'elles eussent fini avec le maître.	*Écrivez* le nombre 77, 78, 79, *Attention!* joyeusement, etc. — les jouissances, etc. — mon jujube, etc.

62e JOUR.

1re Classe. (n° 8.) 6e Jour.	2e Classe. (n° 8.) 6e Jour.	3e Classe. (n° 9.) 6e Jour.	4e Classe. (n° 11.) 2e Jour.

1re DICTÉE.

Attention! ———— 5e Classe, *écrivez!* . . . . . ———— *Attention*, 4e Classe! *Écrivez* le nombre 70, *Attention!* ton innocence, etc.

Attention, 1re Classe!	*Attention*, 2e Classe!	*Attention*, 3e Classe!	*Attention*, 4e Classe!
Faites des traits d'union - - - -	*Ecrivez* le nombre 70, *Attention!* mort.	*Écrivez* le nombre 70, *Attention!* Infinitif présent. Finir avec des malfaiteurs.	*Écrivez* le nombre 70, *Attention!* il inspectera, etc.

2e DICTÉE.

Attention, 1re Classe!	*Attention*, 2e Classe!	*Attention*, 3e Classe!	*Attention*, 4e Classe!
Faites une ſ avec un trait d'union ſ ſ- œ- ss-	*Écrivez* le nombre 71, 72, 73, *Attention!* moue, muid, musc.	*Écrivez* le nombre 71, 72, 73, *Attention!* Passé. Avoir fini les deux manchettes.	*Ecrivez* le nombre 71, 72, 73, *Attention!* le jardinier, etc.

3e DICTÉE.

Attention, 1re Classe!	*Attention*, 2e Classe!	*Attention*, 3e Classe!	*Attention*, 4e Classe!
Faites des points d'exclamation ! ! ! ! *Faites* des points d'interrogation ? ? ? ?	*Écrivez* le nombre 74, 75, 76, *Attention!* Nain, nard, nerf, neuf.	*Écrivez* le nombre 74, 75, 76, *Attention!* Participe présent. Finissant les trois mannequins.	*Écrivez* le nombre 74, 75, 76, *Attention!* ce jugement, etc.

4e DICTÉE.

Attention, 1re Classe!	*Attention*, 2e Classe!	*Attention*, 3e Classe!	*Attention*, 4e Classe!
Ouvrez et fermez des parenthèses ( ) ( ) *Faites* des guillemets « « « » » »	*Écrivez* le nombre 77, 78, 79, *Attention!* noix, nord, nuit. Oing.	*Écrivez* le nombre 77, 78, 79, *Attention!* Passé. Fini, ayant fini avec le marguillier. Futur. Devant finir ce beau mausolée.	*Écrivez* le nombre 77, 78, 79, *Attention!* joyeusement, etc. — les jouissances, etc. — mon jujube, etc.

63e *JOUR.*

1re CLASSE. (no 8.) 7e *JOUR.*	2e CLASSE. (no 8.) 7e *JOUR.*	3e CLASSE. (no 9.) 7e *JOUR.*	4e CLASSE. (no 11.) 8e *JOUR.*

1re DICTÉE.

Attention! ——— 5e CLASSE, *écrivez!* . . . . ——— *Attention,* 4e CLASSE! *Écrivez* le nombre 70, *Attention!* ton innocence, etc.

1re, 2e et 3e CLASSES, *copiez vos modèles!*

» »	» »	» »	*Attention,* 4e CLASSE! *Écrivez* le nombre 70, *Attention!* il inspectera, etc.

2e DICTÉE.

» »	» »	» »	*Attention,* 4e CLASSE! *Écrivez* le nombre 71, 72, 73, *Attention!* le jardinier, etc.

3e DICTÉE.

» »	» »	» »	*Attention,* 4e CLASSE! *Écrivez* le nombre 74, 75, 76, *Attention!* ce jugement, etc.

4e DICTÉE.

» »	» »	» »	*Attention,* 4e CLASSE! *Écrivez* le nombre 77, 78, 79, *Attention!* joyeusement, etc. — les jouissances, etc. — mon jujube, etc.

64e *JOUR.*

1re Classe. (n° 8.) 8e *Jour.*	2e Classe. (n. 8.) 8e *Jour.*	3e Classe. (n° 10.) 1er *Jour.*	4e Classe. (n. 11.) 4e *Jour.*

1re DICTÉE.

Attention! ———— 5e Classe, *écrivez!* . . . . ———— *Attention,* 4e Classe! *Écrivez* le nombre 70, *Attention!* ton innocence, etc.

1re et 2e Classes, *copiez vos modèles !*

1re Classe	2e Classe	3e Classe	4e Classe
» »	» »	*Attention,* 3e Classe! *Écrivez* le nombre 70, *Attention!* Indicatif présent. Je reçois un bon médecin.	*Attention,* 4e Classe! *Écrivez* le nombre 70, *Attention!* il inspectera, etc.

2e DICTÉE.

1re Classe	2e Classe	3e Classe	4e Classe
» »	» »	*Attention,* 3e Classe! *Écrivez* le nombre 71, 72, 73, *Attention!* tu reçois de belles médailles.	*Attention,* 4e Classe! *Écrivez* le nombre 71, 72, 73, *Attention!* le jardinier, etc.

3e DICTÉE.

1re Classe	2e Classe	3e Classe	4e Classe
» »	» »	*Attention,* 3e Classe! *Écrivez* le nombre 74, 75, 76, *Attention!* il reçoit avec méchanceté. — n. recevons un grand menteur.	*Attention,* 4e Classe! *Écrivez* le nombre 74, 75, 76, *Attention!* ce jugement, etc.

4e DICTÉE.

1re Classe	2e Classe	3e Classe	4e Classe
» »	» »	*Attention,* 3e Classe! *Écrivez* le nombre 77, 78, 79, *Attention!* v. recevez un pauvre menuisier. — ils reçoivent de mercredi en huit.	*Attention,* 4e Classe! *Écrivez* le nombre 77, 78, 79, *Attention!* joyeusement, etc. — tes jouissances, etc. — mon jujube, etc.

65e JOUR.

1re Classe. (no 9.) 1er Jour.	2e Classe. (no 9.) 1er Jour.	3e Classe. (no 10.) 2e Jour.	4e Classe. (no 11.) 5e Jour.

1re DICTÉE.

Attention! ——— 5e Classe, *écrivez!* . . . . ——— *Attention*, 4e Classe! *Écrivez* le nombre 80, *Attention!* ton innocence, etc.

Attention, 1re Classe!	*Attention*, 2e Classe!	*Attention*, 3e Classe!	*Attention*, 4e Classe!
ba. *Écrivez!* b-a ba — un point.	*Écrivez* le nombre 80, *Attention!* ours.	*Écrivez* le nombre 80, *Attention!* Imparfait. Je recevais ton excellente mère.	*Écrivez* le nombre 80, *Attention!* il inspectera, etc.

2e DICTÉE.

Attention, 1re Classe!	*Attention*, 2e Classe!	*Attention*, 3e Classe!	*Attention*, 4e Classe!
ab. *Écrivez!* a-b ab — un point. ca. c-a ca — un point. ac. a-c ac — un point.	*Écrivez* le nombre 81, 82, 83, *Attention!* Pain, pair, paix.	*Écrivez* le nombre 81, 82, 83, *Attention!* tu recevais ce lâche mercenaire.	*Écrivez* le nombre 81, 82, 83, *Attention!* le jardinier, etc.

3e DICTÉE.

Attention, 1re Classe!	*Attention*, 2e Classe!	*Attention*, 3e Classe!	*Attention*, 4e Classe!
ka. *Écrivez!* k-a ka — un point. qua. q-u-a qua — un point.	*Écrivez* le nombre 84, 85, 86, *Attention!* paon (*), peau, pied, pieu.	*Écrivez* le nombre 84, 85, 86, *Attention!* il recevait du bois merrain. — n. recevions merveilleusement.	*Écrivez* le nombre 84, 85, 86, *Attention!* ce jugement, etc.

4e DICTÉE.

Attention, 1re Classe!	*Attention*, 2e Classe!	*Attention*, 3e Classe!	*Attention*, 4e Classe!
da. *Écrivez!* d-a da — un point. ad. a-d ad — un point.	*Écrivez* le nombre 87, 88, 89, *Attention!* plat, pois, poix, pont.	*Écrivez* le nombre 87, 88, 89, *Attention!* vous receviez mesquinement. — ils recevaient des mesures des messageries.	*Écrivez* le nombre 87, 88, 89, *Attention!* joyeusement, etc. — tes jouissances, etc. — mon jujube, etc.

(*) Prononcez *pan*.

1re Classe. (n. 9.) 2e *Jour.*	2e Classe. (n. 9.) 2e *Jour.*	3e Classe. (n. 10.) 3e *Jour.*	4e Classe. (n. 11.) 6e *Jour.*

1re DICTÉE.

Attention! ——————— 5e Classe, *écrivez!* . . . .

4e Classe, *copiez votre modèle!*

Attention, 1re Classe!	*Attention*, 2e Classe!	*Attention*, 3e Classe!	
ba. *Écrivez!* b-a ba — un point.	*Écrivez* le nombre 80, *Attention!* ours.	*Écrivez* le nombre 80, *Attention!* Parfait défini. Je reçus le meurtrier du meunier.	» »

2e DICTÉE.

Attention, 1re Classe!	*Attention*, 2e Classe!	*Attention*, 3e Classe!	
ab. *Écrivez!* a-b ab — un point. ca. c-a ca — un point. ac. a-c ac — un point.	*Écrivez* le nombre 81, 82, 83, *Attention!* Pain, pair, paix.	*Écrivez* le nombre 81, 82, 83, *Attention!* tu reçus un microscope à midi.	» »

3e DICTÉE.

Attention, 1re Classe!	*Attention*, 2e Classe!	*Attention*, 3e Classe!	
ka. *Écrivez!* k-a-ka — un point. qua. q-u-a qua — un point.	*Écrivez* le nombre 84, 85, 86, *Attention!* paon, peau, pied, pieu.	*Écrivez* le nombre 84, 85, 86, *Attention!* il reçut une mixtion du moine. — n. reçûmes avec modération.	» »

4e DICTÉE.

Attention, 1re Classe!	*Attention*, 2e Classe!	*Attention*, 3e Classe!	
da. *Écrivez!* d-a da — un point. ad. a-d ad — un point.	*Écrivez* le nombre 87, 88, 89, *Attention!* plat, pois, poix, pont.	*Écrivez* le nombre 87, 88, 89, *Attention!* v. reçûtes la moitié du moka. — ils reçurent du molleton moelleux.	» »

67e JOUR.

1re Classe. (nº 9.) 3e Jour.	2e Classe. (nº 9) 3e Jour.	3e Classe. (nº 10.) 4e Jour.	4e Classe. (nº 12.) 1er Jour.

1re DICTÉE.

Attention! ———— 5e Classe, *écrivez!* . . . . ———— *Attention*, 4e Classe! *Écrivez* le nombre 80, *Attention!* le Kakatoès, etc.

Attention, 1re Classe!	*Attention*, 2e Classe!	*Attention*, 3e Classe!	*Attention*, 4e Classe!
fa. *Écrivez!* f-a fa — un point.	*Écrivez* le nombre 80, *Attention!* ours.	*Écrivez* le nombre 80, *Attention!* Parfait indéfini. J'ai reçu beaucoup de monde.	*Écrivez* le nombre 80, *Attention!* ce Louveteau, etc.

2e DICTÉE.

Attention, 1re Classe!	*Attention*, 2e Classe!	*Attention*, 3e Classe!	*Attention*, 4e Classe!
af. *Écrivez!* a-f af — un point. pha. p-h-a pha — un point.	*Écrivez* le nombre 81, 82, 83, *Attention!* Pain, pair, paix.	*Écrivez* le nombre 81, 82, 83, *Attention!* tu as reçu de faux monnayeurs.	*Écrivez* le nombre 81, 82, 83, *Attention!* je lâcherai, etc.

3e DICTÉE.

Attention, 1re Classe!	*Attention*, 2e Classe!	*Attention*, 3e Classe!	*Attention*, 4e Classe!
ga. *Écrivez!* g-a ga — un point. ag. a-g ag — un point.	*Écrivez* le nombre 84, 85, 86, *Attention!* paon, peau, pied, pieu.	*Écrivez* le nombre 84, 85, 86, *Attention!* il a reçu monseigneur le Duc. — n. avons reçu un morceau de morue.	*Écrivez* le nombre 84, 85, 86, *Attention!* lessive, etc.

4e DICTÉE.

Attention, 1re Classe!	*Attention*, 2e Classe!	*Attention*, 3e Classe!	*Attention*, 4e Classe!
ha. *Écrivez!* h-a ha — un point. ah. a-h ah — un point.	*Écrivez* le nombre 87, 88, 89, *Attention!* plat, pois, poix, pont.	*Écrivez* le nombre 87, 88, 89, *Attention!* v. avez reçu une morsure du mulet. — ils ont reçu des mouchoirs et de la muscade.	*Écrivez* le nombre 87, 88, 89, *Attention!* le lendemain, etc. — le Lieutenant, etc. — des lithographies, etc.

1ʳᵉ Classe. (nº 9.) 4ᵉ *Jour.*	2ᵉ Classe. (n. 9.) 4ᵉ *Jour.*	3ᵉ Classe. (nº 10.) 5ᵉ *Jour.*	4ᵉ Classe. (nº 12.) 2ᵉ *Jour.*

1ʳᵉ DICTÉE.

Attention! ———— 5ᵉ Classe, *écrivez!* . . . . . ———— *Attention,* 4ᵉ Classe! *Écrivez* le nombre 80, *Attention!* le Kakatoès, etc.

Attention, 1ʳᵉ Classe!	*Attention,* 2ᵉ Classe!	*Attention,* 3ᵉ Classe!	*Attention,* 4ᵉ Classe!
fa. *Écrivez!* f-a fa — un point.	*Écrivez* le nombre 80, *Attention!* ours.	*Écrivez* le nombre 80, *Attention!* Parfait antérieur. J'eus reçu de la moutarde et des mûres.	*Écrivez* le nombre 80, *Attention!* ce Louveteau, etc.

2ᵉ DICTÉE.

Attention, 1ʳᵉ Classe!	*Attention,* 2ᵉ Classe!	*Attention,* 3ᵉ Classe!	*Attention,* 4ᵉ Classe!
af. *Écrivez!* a-f af — un point. pha. p-h-a pha — un point.	*Écrivez* le nombre 81, 82, 83, *Attention!* Pain, pair, paix.	*Écrivez* le nombre 81, 82, 83, *Attention!* tu eus reçu de jolie musique.	*Écrivez* le nombre 81, 82, 83, *Attention!* je lâcherai, etc.

3ᵉ DICTÉE.

Attention, 1ʳᵉ Classe!	*Attention,* 2ᵉ Classe!	*Attention,* 3ᵉ Classe!	*Attention,* 4ᵉ Classe!
ga. *Écrivez!* g-a ga — un point. ag. a-g ag — un point.	*Écrivez* le nombre 84, 85, 86, *Attention!* paon, peau, pied, pieu.	*Écrivez* le nombre 84, 85, 86, *Attention!* il eut reçu le myrte avec mystère. — nous eûmes reçu une mystification.	*Écrivez* le nombre 84, 85, 86, *Attention!* lessive, etc.

4ᵉ DICTÉE.

Attention, 1ʳᵉ Classe!	*Attention,* 2ᵉ Classe!	*Attention,* 3ᵉ Classe!	*Attention,* 4ᵉ Classe!
ha. *Écrivez!* h-a ha — un point. ah. a-h ah — un point.	*Écrivez* le nombre 87, 88, 89, *Attention!* plat, pois, poix, pont.	*Écrivez* le nombre 87, 88, 89, *Attention!* vous eûtes reçu une nacelle et des nattes. — ils eurent reçu du nankin et des nèfles.	*Écrivez* le nombre 87, 88, 89, *Attention!* le lendemain, etc. — le Lieutenant, etc. — des lithographies, etc.

69e *JOUR.*

1re Classe. (no 9.) 5e *Jour.*	2e Classe. (no 9.) 5e *Jour.*	3e Classe. (no 10.) 6e *Jour.*	4e Classe. (no 12.) 3e *Jour.*

1re DICTÉE.

Attention! ———— 5e Classe, *écrivez!* . . . . . . ———— *Attention*, 4e Classe! *Écrivez* le nombre 80, *Attention!* le Kakatoès, etc.

Attention, 1re Classe!	*Attention*, 2e Classe!	*Attention*, 3e Classe!	*Attention*, 4e Classe!
ja. *Écrivez!* j-a ja — un point.	*Écrivez* le nombre 80, *Attention!* port.	*Écrivez* le nombre 80, *Attention!* Plus-que-parfait. J'avais reçu un navire de Naxos.	*Écrivez* le nombre 80, *Attention!* ce Louveteau, etc.

2e DICTÉE.

Attention, 1re Classe!	*Attention*, 2e Classe!	*Attention*, 3e Classe!	*Attention*, 4e Classe!
ya. *Écrivez!* y-a ya — un point. la. l-a la — un point. al. a-l al — un point.	*Écrivez* le nombre 81, 82, 83, *Attention!* prêt, prix. Quai.	*Écrivez* le nombre 81, 82, 83, *Attention!* tu avais reçu un nègre en nantissement.	*Écrivez* le nombre 81, 82, 83, *Attention!* je lâcherai, etc.

3e DICTÉE.

Attention, 1re Classe!	*Attention*, 2e Classe!	*Attention*, 3e Classe!	*Attention*, 4e Classe!
ma. *Ecrivez!* m-a ma — un point. am. a-m am — un point.	*Écrivez* le nombre 84, 85, 86, *Attention!* Raie, rang, rein, rien.	*Écrivez* le nombre 84, 85, 86, *Attention!* il avait reçu le neveu du nautonnier. — n. avions reçu la nièce du Normand.	*Écrivez* le nombre 84, 85, 86, *Attention!* lessive, etc.

4e DICTÉE.

Attention, 1re Classe!	*Attention*, 2e Classe!	*Attention*, 3e Classe	*Attention*, 4e Classe!
na. *Écrivez!* n-a na — un point. an. a-n an — un point.	*Écrivez* le nombre 87, 88, 89, *Attention!* roue. Sang, saut, scie.	*Écrivez* le nombre 87, 88, 89, *Attention!* v. aviez reçu avec noblesse. — ils avaient reçu des noix et des noisettes.	*Écrivez* le nombre 87, 88, 89, *Attention!* le lendemain, etc. — le Lieutenant, etc. — des lithographies, etc.

70e JOUR.

1re CLASSE. (no 9.) 6e *Jour.*	2e CLASSE. (no 9.) 6e *Jour.*	3e CLASSE. (no 10.) 7e *Jour.*	4e CLASSE. (no 12.) 4e *Jour.*
	1re DICTÉE.		
Attention! ————	5e CLASSE, *écrivez!* . . . . . ————	*Attention*, 4e CLASSE! *Écrivez* le nombre 80, *Attention!* le Kakatoès, etc.	
	3e CLASSE, *copiez votre modèle!*		
Attention, 1re CLASSE!	*Attention*, 2e CLASSE!		*Attention*, 4e CLASSE!
ja. *Écrivez!* j-a ja — un point.	*Écrivez* le nombre 80, *Attention!* port.	» »	*Écrivez* le nombre 80, *Attention!* ce Louveteau, etc.
	2e DICTÉE.		
Attention, 1re CLASSE!	*Attention*, 2e CLASSE!		*Attention*, 4e CLASSE!
ya. *Écrivez!* y-a ya — un point. la. l-a la — un point. al. a-l al — un point.	*Écrivez* le nombre 81, 82, 83, *Attention!* prêt, prix. Quai.	» »	*Écrivez* le nombre 81, 82, 83, *Attention!* je lâcherai, etc.
	3e DICTÉE.		
Attention, 1re CLASSE!	*Attention*, 2e CLASSE!		*Attention*, 4e CLASSE!
ma. *Écrivez!* m-a ma — un point. am. a-m am — un point.	*Écrivez* le nombre 84, 85, 86, *Attention!* Raie, rang, rein, rien.	» »	*Écrivez* le nombre 84, 85, 86, *Attention!* lessive, etc.
	4e DICTÉE.		
Attention, 1re CLASSE!	*Attention*, 2e CLASSE!		*Attention*, 4e CLASSE!
na. *Écrivez!* n-a na — un point. an. a-n an — un point.	*Écrivez* le nombre 87, 88, 89, *Attention!* rone. Sang, saut, scie.	» »	*Écrivez* le nombre 87, 88, 89, *Attention!* le lendemain, etc. — le Lieutenant, etc. — des lithographies, etc.

71e *JOUR.*

1re CLASSE. (nº 9.) 7e *JOUR.*	2e CLASSE. (nº 9.) 7e *JOUR.*	3e CLASSE. (nº 11.) 1er *JOUR.*	4e CLASSE. (nº 12.) 5e *JOUR.*
1re DICTÉE.			
Attention! ————	5e CLASSE, *écrivez!* . . . . ————	*Attention*, 4e CLASSE! *Écrivez* le nombre 80, *Attention!* le Kakatoès, etc.	
Attention, 1re CLASSE! pa. *Écrivez!* p-a pa — un point.	*Attention*, 2e CLASSE! *Écrivez* le nombre 80, *Attention!* port.	*Attention*, 3e CLASSE! *Écrivez* le nombre 80, *Attention!* FUTUR. Je recevrai la nourrice et le nourrisson.	*Attention*, 4e CLASSE! *Écrivez* le nombre 80, *Attention!* ce Louveteau, etc.
2e DICTÉE.			
Attention, 1re CLASSE! ap. *Écrivez!* a-p ap — un point. ra. r-a ra — un point. ar. a-r ar — un point.	*Attention*, 2e CLASSE! *Écrivez* le nombre 81, 82, 83, *Attention!* prêt, prix. Quai.	*Attention*, 3e CLASSE! *Écrivez* le nombre 81, 82, 83, *Attention!* tu recevras ma note en novembre.	*Attention*, 4e CLASSE! *Écrivez* le nombre 81, 82, 83, *Attention!* je lâcherai, etc.
3e DICTÉE.			
Attention, 1re CLASSE! sa. *Écrivez!* s-a sa — un point. as. a-s as — un point.	*Attention*, 2e CLASSE! *Écrivez* le nombre 84, 85, 86, *Attention!* Raie, rang, rein, rien.	*Attention*, 3e CLASSE! *Écrivez* le nombre 84, 85, 86, *Attention!* il recevra le numéro du journal. — nous recevrons ses objections à l'occasion.	*Attention*, 4e CLASSE! *Écrivez* le nombre 84, 85, 86, *Attention!* lessive, etc.
4e DICTÉE.			
Attention, 1re CLASSE! ça. *Écrivez!* ç cédille a ça — un point.	*Attention*, 2e CLASSE! *Écrivez* le nombre 87, 88, 89, *Attention!* roue. Sang, saut, scie.	*Attention*, 3e CLASSE! *Écrivez* le nombre 87, 88, 89, *Attention!* vous recevrez des preuves de son obéissance. — ils recevront cet officier sans ostentation.	*Attention*, 4e CLASSE! *Écrivez* le nombre 87, 88, 89, *Attention!* le lendemain, etc. — le Lieutenant, etc. — des lithographies, etc.

1re Classe. (no 9.) 8e Jour.	2e Classe. (n. 9.) 8e Jour.	3e Classe. (no 11.) 2e Jour.	4e Classe. (n. 12.) 6e Jour.

1re DICTÉE.

Attention! ———— 5e Classe, *écrivez!* . . . .

4e Classe, *copiez votre modèle!*

Attention, 1re Classe!	Attention, 2e Classe!	Attention, 3e Classe!	
pa. *Écrivez!* p-a pa — un point.	*Écrivez* le nombre 80, *Attention!* port.	*Écrivez* le nombre 80, *Attention!* Futur passé. J'aurai reçu (*) cet orgeat sans observation.	» »

2e DICTÉE.

Attention, 1re Classe!	Attention, 2e Classe!	Attention, 3e Classe!	
ap. *Écrivez!* a-p ap — un point. ra. r-a ra — un point. ar. a-r ar — un point.	*Écrivez* le nombre 81, 82, 83, *Attention!* prêt, prix. Quai.	*Écrivez* le nombre 81, 82, 83, *Attention!* tu auras reçu des œillets et des oranges.	» »

3e DICTÉE.

Attention, 1re Classe!	Attention, 2e Classe!	Attention, 3e Classe!	
sa. *Écrivez!* s-a sa — un point. as. a-s as — un point.	*Écrivez* le nombre 84, 85, 86, *Attention!* Raie, rang, rein, rien.	*Écrivez* le nombre 84, 85, 86, *Attention!* il aura reçu de l'onguent et des ognons.— nous aurons reçu son ouvrage ouvertement.	» »

4e DICTÉE.

Attention, 1re Classe!	Attention, 2e Classe!	Attention, 3e Classe!	
ça. *Écrivez!* ç cédille a ça — un point.	*Écrivez* le nombre 87, 88, 89, *Attention!* roue. Sang, saut, scie.	*Écrivez* le nombre 87, 88, 89, *Attention!* v. aurez reçu de l'oxycrat et de l'oxymel.— ils auront reçu le pacha dans leur palais.	» »

(*) Le passé *reçu* ne doit plus être épelé que par des élèves désignés par le professeur.

1ʳᵉ CLASSE. (nº 9.) 9ᵉ JOUR.	2ᵉ CLASSE. (nº 9.) 9ᵉ JOUR.	3ᵉ CLASSE. (nº 11.) 3ᵉ JOUR.	4ᵉ CLASSE. (nº 13.) 1ᵉʳ JOUR.
1ʳᵉ DICTÉE.			
Attention! —— 5ᵉ CLASSE, *écrivez!* .... —— *Attention*, 4ᵉ CLASSE! *Écrivez* le nombre 80, *Attention!* le labyrinthe, etc.			
1ʳᵉ et 2ᵉ CLASSES, *copiez vos modèles !*			
» »	» »	*Attention*, 3ᵉ CLASSE! *Écrivez* le nombre 80, *Attention!* CONDITIONNEL PRÉSENT. Je recevrais le paiement du paillasson.	*Attention*, 4ᵉ CLASSE! *Écrivez* le nombre 80, *Attention!* de Montmorency, etc.
2ᵉ DICTÉE.			
» »	» »	*Attention*, 3ᵉ CLASSE! *Écrivez* le nombre 81, 82, 83, *Attention!* tu recevrais un pamphlet d'un particulier.	*Attention*, 4ᵉ CLASSE! *Écrivez* le nombre 81, 82, 83, *Attention!* et maintenant, etc.
3ᵉ DICTÉE.			
» »	» »	*Attention*, 3ᵉ CLASSE! *Écrivez* le nombre 84, 85, 86, *Attention!* il recevrait son pantalon et son passe-port.— nous recevrions un paquet de pantoufles.	*Attention*, 4ᵉ CLASSE! *Écrivez* le nombre 84, 85, 86, *Attention!* mes mousselines, etc.
4ᵉ DICTÉE.			
» »	» »	*Attention*, 3ᵉ CLASSE! *Écrivez* le nombre 87, 88, 89, *Attention!* vous recevriez des pastilles et un pâté.— ils recevraient une pierre sur la paupière.	*Attention*, 4ᵉ CLASSE! *Écrivez* le nombre 87, 88, 89, *Attention!* en marmottant, etc.— la miséricorde, etc. — ma métairie, etc.

74e JOUR.

1re Classe. (n. 10.) 1er Jour.	2e Classe. (n. 10.) 1er Jour.	3e Classe. (n. 11.) 4e Jour.	4e Classe. (n. 13.) 2e Jour.

1re DICTÉE.

Attention! ———— 5e Classe, *écrivez!* . . . . ———— *Attention*, 4e Classe! *Écrivez* le nombre 90, *Attention!* le labyrinthe, etc.

Attention, 1re Classe!	*Attention*, 2e Classe!	*Attention*, 3e Classe!	*Attention*, 4e Classe!
ta. *Écrivez!* t-a ta — un point.	*Écrivez* le nombre 90, *Attention!* seau.	*Écrivez* le nombre 90, *Attention!* Conditionnel passé. J'aurais reçu un paysage du peintre.	*Écrivez* le nombre 90, *Attention!* de Montmorency, etc.

2e DICTÉE.

Attention, 1re Classe!	*Attention*, 2e Classe!	*Attention*, 3e Classe!	*Attention*, 4e Classe!
at. *Écrivez!* a-t at — un point. va. v-a va — un point. av. a-v av — un point.	*Écrivez* le nombre 91, 92, 93, *Attention!* sens, sept, soie.	*Écrivez* le nombre 91, 92, 93, *Attention!* tu aurais reçu un poisson du pêcheur.	*Écrivez* le nombre 91, 92, 93, *Attention!* et maintenant, etc.

3e DICTÉE.

Attention, 1re Classe!	*Attention*, 2e Classe!	*Attention*, 3e Classe!	*Attention*, 4e Classe!
xa. ax. (*)	*Écrivez* le nombre 94, 95, 96, *Attention!* soif, soin, soir. Styx.	*Écrivez* le nombre 94, 95, 96, *Attention!* il aurait reçu un peloton de fil. — n. aurions reçu un peigne et un peignoir.	*Écrivez* le nombre 94, 95, 96, *Attention!* mes mousselines, etc.

4e DICTÉE.

Attention, 1re Classe!	*Attention*, 2e Classe!	*Attention*, 3e Classe!	*Attention*, 4e Classe!
za. az.	*Écrivez* le nombre 97, 98, 99, *Attention!* stuc, suie, suif. Tact.	*Écrivez* le nombre 97, 98, 99, *Attention!* v. auriez reçu une pendule d'une personne.— ils auraient reçu une perdrix et des perdreaux.	*Écrivez* le nombre 97, 98, 99, *Attention!* en marmottant, etc.— la miséricorde, etc. — ma métairie, etc.

(*) Bien que comme à la deuxième et la troisième, on cesse d'indiquer l'épellation, le maître doit la continuer comme aux deux autres Classes.

75e JOUR.

1re CLASSE. (no 10.) 2e JOUR.	2e CLASSE. (no 10) 2e JOUR.	3e CLASSE. (no 11.) 5e JOUR.	4e CLASSE. (no 13.) 3e JOUR.

1re DICTÉE.

Attention! ———— 5e CLASSE, *écrivez!* . . . . ———— *Attention*, 4e CLASSE! *Écrivez* le nombre 90, *Attention!* le labyrinthe, etc.

Attention, 1re CLASSE!	*Attention*, 2e CLASSE!	*Attention*, 3e CLASSE!	*Attention*, 4e CLASSE!
ta.	*Écrivez* le nombre 90, *Attention!* seau.	*Écrivez* le nombre 90, *Attention!* ON DIT AUSSI : J'eusse reçu une perruche et un perroquet.	*Écrivez* le nombre 90, *Attention!* de Montmorency, etc.

2e DICTÉE.

Attention, 1re CLASSE!	*Attention*, 2e CLASSE!	*Attention*, 3e CLASSE!	*Attention*, 4e CLASSE!
at. va. av.	*Écrivez* le nombre 91, 92, 93, *Attention!* sens, sept, soie.	*Écrivez* le nombre 91, 92, 93, *Attention!* tu eusses reçu peut-être le pharmacien.	*Écrivez* le nombre 91, 92, 93, *Attention!* et maintenant, etc.

3e DICTÉE.

Attention, 1re CLASSE!	*Attention*, 2e CLASSE!	*Attention*, 3e CLASSE!	*Attention*, 4e CLASSE!
xa. ax.	*Écrivez* le nombre 94, 95, 96, *Attention!* soif, soin, soir. Styx.	*Écrivez* le nombre 94, 95, 96, *Attention!* il eût reçu du phosphore du physicien.— n. eussions reçu des piastres d'Espagne.	*Écrivez* le nombre 94, 95, 96, *Attention!* mes mousselines, etc.

4e DICTÉE.

Attention, 1re CLASSE!	*Attention*, 2e CLASSE!	*Attention*, 3e CLASSE!	*Attention*, 4e CLASSE!
za. az.	*Écrivez* le nombre 97, 98, 99, *Attention!* stuc, suie, suif. Tact.	*Écrivez* le nombre 97, 98, 99, *Attention!* v. eussiez reçu un picotin d'avoine. — ils eussent reçu de la pimprenelle.	*Écrivez* le nombre 97, 98, 99, *Attention!* en marmottant, etc.—la miséricorde, etc. — ma métairie, etc.

1re Classe. (no 10.) 3e Jour.	2e Classe. (n. 10.) 3e Jour.	3e Classe. (no 11.) 6e Jour.	4e Classe. (no 13.) 4e Jour.
1re DICTÉE.			
Attention! ———— 5e Classe, *écrivez!* . . . . . ———— *Attention,* 4e Classe! *Écrivez* le nombre 90, *Attention!* le labyrinthe, etc.			
Attention, 1re Classe!	*Attention,* 2e Classe!	*Attention,* 3e Classe!	*Attention,* 4e Classe!
bi.	*Écrivez* le nombre 90, *Attention!* seau.	*Écrivez* le nombre 90, *Attention!* Impératif.	*Écrivez* le nombre 90, *Attention!* de Montmorency, etc.
2e DICTÉE.			
Attention, 1re Classe!	*Attention,* 2e Classe!	*Attention,* 3e Classe!	*Attention,* 4e Classe!
ib. ci. ic.	*Écrivez* le nombre 91, 92, 93, *Attention!* sens, sept, soie.	*Écrivez* le nombre 91, 92, 93, *Attention!* Reçois ce poëte phthisique.	*Écrivez* le nombre 91, 92, 93, *Attention!* et maintenant, etc.
3e DICTÉE.			
Attention, 1re Classe!	*Attention,* 2e Classe!	*Attention,* 3e Classe!	*Attention,* 4e Classe!
si. is.	*Écrivez* le nombre 94, 95, 96, *Attention!* soif, soin, soir. Styx.	*Écrivez* le nombre 94, 95, 96, *Attention!* recevons ces pinceaux et ce pinson.	*Écrivez* le nombre 94, 95, 96, *Attention!* mes mousselines, etc.
4e DICTÉE.			
Attention, 1re Classe!	*Attention,* 2e Classe!	*Attention,* 3e Classe!	*Attention,* 4e Classe!
di. id.	*Écrivez* le nombre 97, 98, 99, *Attention!* stuc, suie, suif. Tact.	*Écrivez* le nombre 97, 98, 99, *Attention!* recevez ces pistaches et ce pissenlit.	*Écrivez* le nombre 97, 98, 99, *Attention!* en marmottant, etc. — la miséricorde, etc. — ma métairie, etc.

77e JOUR.

1re Classe. (no 10.) 4e Jour.	2e Classe. (no 10.) 4e Jour.	3e Classe. (no 11.) 7e Jour.	4e Classe. (no 13.) 5e Jour.

1re DICTÉE.

Attention! ——— 5e Classe, *écrivez!* . . . . . . ——— *Attention*, 4e Classe! *Écrivez* le nombre 90, *Attention!* le labyrinthe, etc.

3e Classe, *copiez votre modèle!*

Attention, 1re Classe! bi.	*Attention*, 2e Classe! *Écrivez* le nombre 90, *Attention!* seau.	» »	*Attention*, 4e Classe! *Écrivez* le nombre 90, *Attention!* de Montmorency, etc.

2e DICTÉE.

Attention, 1re Classe! ib. ci. ic.	*Attention*, 2e Classe! *Écrivez* le nombre 91, 92, 93, *Attention!* sens, sept, soie.	» »	*Attention*, 4e Classe! *Écrivez* le nombre 91, 92, 93, *Attention!* et maintenant, etc.

3e DICTÉE.

Attention, 1re Classe! si. is.	*Attention*, 2e Classe! *Écrivez* le nombre 94, 95, 96, *Attention!* soif, soin, soir. Styx.	» »	*Attention*, 4e Classe! *Écrivez* le nombre 94, 95, 96, *Attention!* mes mousselines, etc.

4e DICTÉE.

Attention, 1re Classe! di. id.	*Attention*, 2e Classe! *Écrivez* le nombre 97, 98, 99, *Attention!* stuc, suie, suif. Tact.	» »	*Attention*, 4e Classe! *Écrivez* le nombre 97, 98, 99, *Attention!* en marmottant, etc. — la miséricorde, etc. — ma métairie, etc.

1re Classe. (no 10.) 5e Jour.	2e Classe. (no 10.) 5e Jour.	3e Classe. (no 12.) 1er Jour.	4e Classe. (no 13.) 6e Jour.

1re DICTÉE.

Attention! ———— 5e Classe, *écrivez!* . . . . .

4e Classe, *copiez votre modèle!*

Attention, 1re Classe! fl.	*Attention*, 2e Classe! *Écrivez* le nombre 90, *Attention!* taie.	*Attention*, 3e Classe! *Écrivez* le nombre 90, *Attention!* Subjonctif présent. Que je reçoive un pistolet à piston.	» »

2e DICTÉE.

Attention, 1re Classe! if. phi.	*Attention*, 2e Classe! *Écrivez* le nombre 91, 92, 93, *Attention!* taux, thon, thym.	*Attention*, 3e Classe! *Écrivez* le nombre 91, 92, 93, *Attention!* q. tu reçoives la plainte et le plaidoyer.	» »

3e DICTÉE.

Attention, 1re Classe! gi. ig.	*Attention*, 2e Classe! *Écrivez* le nombre 94, 95, 96, *Attention!* toit, tort, tour, tout.	*Attention*, 3e Classe! *Écrivez* le nombre 94, 95, 96, *Attention!* qu'il reçoive le plagiaire en plaisantant. — q. n. recevions une plante de la Pologne.	» »

4e DICTÉE.

Attention, 1re Classe! ji. hi.	*Attention*, 2e Classe! *Écrivez* le nombre 97, 98, 99, *Attention!* toux, troc, trot, tron.	*Attention*, 3e Classe *Écrivez* le nombre 97, 98, 99, *Attention!* q. v. receviez une planchette du portier. — qu'ils reçoivent un platane du Portugal.	» »

79ᵉ JOUR.

1ʳᵉ Classe. (nº 10.) 6ᵉ Jour.	2ᵉ Classe. (nº 10.) 6ᵉ Jour.	3ᵉ Classe. (nº 12.) 2ᵉ Jour.	4ᵉ Classe. (nº 14.) 1ᵉʳ Jour.

1ʳᵉ DICTÉE.

Attention! ———— 5ᵉ Classe, *écrivez!* . . . . ———— *Attention*, 4ᵉ Classe! *Écrivez* le nombre 90, *Attention!* mentalement, etc.

Attention, 1ʳᵉ Classe!	*Attention*, 2ᵉ Classe!	*Attention*, 3ᵉ Classe!	*Attention*, 4ᵉ Classe!
fi.	*Écrivez* le nombre 90, *Attention!* taie.	*Écrivez* le nombre 90, *Attention!* SUBJONCTIF PRÉSENT. Que je reçoive un pistolet à piston.	*Écrivez* le nombre 90, *Attention!* me maudissant, etc.

2ᵉ DICTÉE.

Attention, 1ʳᵉ Classe!	*Attention*, 2ᵉ Classe!	*Attention*, 3ᵉ Classe!	*Attention*, 4ᵉ Classe!
if. phi.	*Écrivez* le nombre 91, 92, 93, *Attention!* taux, thon, thym.	*Écrivez* le nombre 91, 92, 93, *Attention!* q. tu reçoives la plainte et le plaidoyer.	*Écrivez* le nombre 91, 92, 93, *Attention!* et modestement, etc.

3ᵉ DICTÉE.

Attention, 1ʳᵉ Classe!	*Attention*, 2ᵉ Classe!	*Attention*, 3ᵉ Classe!	*Attention*, 4ᵉ Classe!
gi. ig.	*Écrivez* le nombre 94, 95, 96, *Attention!* toit, tort, tour, tout.	*Écrivez* le nombre 94, 95, 96, *Attention!* qu'il reçoive le plagiaire en plaisantant. — q. n. recevions une plante de la Pologne.	*Écrivez* le nombre 94, 95, 96, *Attention!* il méritait, etc.

4ᵉ DICTÉE.

Attention, 1ʳᵉ Classe!	*Attention*, 2ᵉ Classe!	*Attention*, 3ᵉ Classe!	*Attention*, 4ᵉ Classe!
ji. hi.	*Écrivez* le nombre 97, 98, 99, *Attention!* toux, troc, trot, trou.	*Écrivez* le nombre 97, 98, 99, *Attention!* q. v. receviez une planchette du portier. — qu'ils reçoivent un platane du Portugal.	*Écrivez* le nombre 97, 98, 99, *Attention!* marguillier, etc. — Mademoiselle, etc. — je maintiendrai, etc.

80e *JOUR.*

1re Classe. (no 10.) 7e *Jour.*	2e Classe. (n. 10.) 7e *Jour.*	3e Classe. (no 12.) 3e *Jour.*	4e Classe. (n. 14.) 2e *Jour.*

1re DICTÉE.

Attention! ———— 5e Classe, *écrivez!* . . . . ———— *Attention*, 4e Classe! *Écrivez* le nombre 90, *Attention!* mentalement, etc.

Attention, 1re Classe!	*Attention*, 2e Classe!	*Attention*, 3e Classe!	*Attention*, 4e Classe!
ki.	*Écrivez* le nombre 90, *Attention!* taie.	*Écrivez* le nombre 90, *Attention!* Imparfait. Que je reçusse un plombier et un plongeur.	*Écrivez* le nombre 90, *Attention!* me maudissant, etc.

2e DICTÉE.

Attention, 1re Classe!	*Attention*, 2e Classe!	*Attention*, 3e Classe!	*Attention*, 4e Classe!
qui. li. il.	*Écrivez* le nombre 91, 92, 93, *Attention!* taux, thon, thym.	*Écrivez* le nombre 91, 92, 93, *Attention!* q. tu reçusses un plumet du porte-enseigne.	*Écrivez* le nombre 91, 92, 93, *Attention!* et modestement, etc.

3e DICTÉE.

Attention, 1re Classe!	*Attention*, 2e Classe!	*Attention*, 3e Classe!	*Attention*, 4e Classe!
mi. im.	*Écrivez* le nombre 94, 95, 96, *Attention!* toit, tort, tour, tout.	*Écrivez* le nombre 94, 95, 96, *Attention!* qu'il reçut des poires et du poivre. — q. n. reçussions poliment ce peaussier.	*Écrivez* le nombré 94, 95, 96, *Attention!* il méritait, etc.

4e DICTÉE.

Attention, 1re Classe!	*Attention*, 2e Classe!	*Attention*, 3e Classe!	*Attention*, 4e Classe!
ni. in.	*Écrivez* le nombre 97, 98, 99, *Attention!* toux, troc, trot, trou.	*Écrivez* le nombre 97, 98, 99, *Attention!* q. v. reçussiez une pomme dans la paume de la main.—qu'ils reçussent un pompon ponceau.	*Écrivez* le nombre 97, 98, 99, *Attention!* marguillier, etc. — Mademoiselle, etc. — je maintiendrai, etc.

1re Classe. (n. 10.) 8e *Jour.*	2e Classe. (n. 10.) 8e *Jour.*	3e Classe. (n. 12.) 4e *Jour.*	4e Classe. (n. 14.) 3e *Jour.*

1re DICTÉE.

Attention! ———— 5e Classe, *écrivez!* . . . . ———— *Attention,* 4e Classe! *Écrivez* le nombre 90, *Attention!* mentalement, etc.

Attention, 1re Classe!	*Attention*, 2e Classe!	*Attention*, 3e Classe!	*Attention*, 4e Classe!
ki.	*Écrivez* le nombre 90, *Attention!* taie.	*Écrivez* le nombre 90, *Attention!* Parfait. Que j'aie reçu le portrait du pontife.	*Écrivez* le nombre 90, *Attention!* me maudissant, etc.

2e DICTÉE.

Attention, 1re Classe!	*Attention*, 2e Classe!	*Attention*, 3e Classe!	*Attention*, 4e Classe!
qui. li. il.	*Écrivez* le nombre 91,.92, 93, *Attention!* taux, thon, thym.	*Écrivez* le nombre 91, 92, 93, *Attention!* q. tu aies reçu une poularde de mon poulailler.	*Écrivez* le nombre 91, 92, 93, *Attention!* et modestement, etc.

3e DICTÉE.

Attention, 1re Classe!	*Attention*, 2e Classe!	*Attention*, 3e Classe!	*Attention*, 4e Classe!
mi. im.	*Écrivez* le nombre 94, 95, 96, *Attention!* toit, tort, tour, tout.	*Écrivez* le nombre 94, 95, 96, *Attention!* qu'il ait reçu du pourpier du postillon. — q. n. ayons reçu des pralines du précepteur.	*Écrivez* le nombre 94, 95, 96, *Attention!* il méritait, etc.

4e DICTÉE.

Attention, 1re Classe!	*Attention*, 2e Classe!	*Attention*, 3e Classe!	*Attention*, 4e Classe!
ni. in.	*Écrivez* le nombre 97, 98, 99, *Attention!* toux, troc, trot, trou.	*Écrivez* le nombre 97, 98, 99, *Attention!* q. v. ayez reçu le prédicateur sans préambule. — qu'ils aient reçu le prélat au bresbytère.	*Écrivez* le nombre 97, 98, 99, *Attention!* marguillier, etc. — Mademoiselle, etc. — je maintiendrai, etc.

1re Classe. (no 10.) 9e Jour.	2e Classe. (no 10.) 9e Jour.	3e Classe. (no 12.) 5e Jour.	4e Classe. (no 14.) 4e Jour.

1re DICTÉE.

Attention! ———— 5e Classe, *écrivez!* .... ———— *Attention,* 4e Classe! *Écrivez* le nombre 90, *Attention!* mentalement, etc.

1re et 2e Classes, *copiez vos modèles!*

» »	» »	*Attention,* 3e Classe! *Écrivez* le nombre 90, *Attention!* Plus-que-parfait. Que j'eusse reçu le primat et le prince.	*Attention,* 4e Classe! *Écrivez* le nombre 90, *Attention!* me maudissant, etc.

2e DICTÉE.

» »	» »	*Attention,* 3e Classe! *Écrivez* le nombre 91, 92, 93, *Attention!* q. tu eusses reçu le prisonnier et la procédure.	*Attention,* 4e Classe! *Écrivez* le nombre 91, 92, 93, *Attention!* et modestement, etc.

3e DICTÉE.

» »	» »	*Attention,* 3e Classe! *Écrivez* le nombre 94, 95, 96, *Attention!* qu'il eût reçu le professeur au printemps. — q. n. eussions reçu le prospectus avec prudence.	*Attention,* 4e Classe! *Écrivez* le nombre 94, 95, 96, *Attention!* il méritait, etc.

4e DICTÉE.

» »	» »	*Attention,* 3e Classe! *Écrivez* le nombre 97, 98, 99, *Attention!* q. v. eussiez reçu le psalmiste et les psaumes.— qu'ils eussent reçu des prunes des Pyrénées.	*Attention,* 4e Classe! *Écrivez* le nombre 97, 98, 99, *Attention!* marguillier, etc. — Mademoiselle, etc. — je maintiendrai, etc.

1re CLASSE. (no 11.) 1er *Jour.*	2e CLASSE. (no 11) 1er *Jour.*	3e CLASSE. (no 12.) 6e *Jour.*	4e CLASSE. (no 14.) 5e *Jour.*

1re DICTÉE.

Attention! ———— 5e CLASSE, *écrivez!* . . . . ———— *Attention,* 4e CLASSE! *Écrivez* le nombre 100, *Attention!* mentalement, etc.

Attention, 1re CLASSE!	*Attention,* 2e CLASSE!	*Attention,* 3e CLASSE!	*Attention,* 4e CLASSE!
pi.	*Écrivez* le nombre 100 (*), *Attention!* Veau.	*Écrivez* le nombre 100, *Attention!* INFINITIF. Recevoir la punition de sa pusillanimité.	*Écrivez* le nombre 100, *Attention!* me maudissant, etc.

2e DICTÉE.

Attention, 1re CLASSE!	*Attention,* 2e CLASSE!	*Attention,* 3e CLASSE!	*Attention,* 4e CLASSE!
ip. ri. ir.	*Écrivez* le nombre 105, 110, *Attention!* vent, voie, voix.	*Écrivez* le nombre 105, 110, *Attention!* PASSÉ. Avoir reçu un procédé pyrotechnique.	*Écrivez* le nombre 105, 110, *Attention!* et modestement, etc.

3e DICTÉE.

Attention, 1re CLASSE!	*Attention,* 2e CLASSE!	*Attention,* 3e CLASSE!	*Attention,* 4e CLASSE!
ti. it.	*Écrivez* le nombre 115, 120, *Attention!* Wisk (**). Zest, zinc. Bourg.	*Écrivez* le nombre 115, 120, *Attention!* PARTICIPE PRÉSENT. Recevant une quantité de quadrupèdes.	*Écrivez* le nombre 115, 120, *Attention!* il méritait, etc.

4e DICTÉE.

Attention, 1re CLASSE!	*Attention,* 2e CLASSE!	*Attention,* 3e CLASSE!	*Attention,* 4e CLASSE!
vi. iv.	*Écrivez* le nombre 125, 130, *Attention!* bruit. Chair, champ, chant.	*Écrivez* le nombre 125, 130, *Attention!* PARTICIPE PASSÉ. Ayant reçu la qualification de querelleur. FUTUR. Devant recevoir des quenouilles et des quinquets.	*Écrivez* le nombre 125, 130, *Attention!* marguillier, etc. — Mademoiselle, etc. — je maintiendrai, etc.

(*) Un 1 et deux zéros; ainsi des autres. — (**) Et mieux *Whist.*

1re Classe. (no 11.) 2e Jour.	2e Classe. (n. 11.) 2e Jour.	3e Classe. (no 12.) 7e Jour.	4e Classe. (no 14.) 6e Jour.

1re DICTÉE.

Attention! ——— 5e Classe, *écrivez!* . . . . .

3e et 4e Classes, *copiez vos modèles!*

Attention, 1re Classe!	Attention, 2e Classe!		
pi.	*Écrivez* le nombre 100, *Attention!* Veau.	» »	» »

2e DICTÉE.

Attention, 1re Classe!	Attention, 2e Classe!		
ip. ri. ir.	*Écrivez* le nombre 105, 110, *Attention!* vent, voie, voix.	» »	» »

3e DICTÉE.

Attention, 1re Classe!	Attention, 2e Classe!		
ti. it.	*Écrivez* le nombre 115, 120, *Attention!* Wisk. Zest, zinc. Bourg.	» »	» »

4e DICTÉE.

Attention, 1re Classe!	Attention, 2e Classe!		
vi. iv.	*Écrivez* le nombre 125, 130, *Attention!* bruit. Chair, champ, chant.	» »	» »

85e *JOUR.*

1re Classe. (no 11.) 3e *Jour.*	2e Classe. (no 11.) 3e *Jour.*	3e Classe. (no 13.) 1er *Jour.*	4e Classe. (no 15.) 1er *Jour.*
	1re DICTÉE.		
Attention! ——————	5e Classe, *écrivez!* . . . . . . ——————	*Attention, 4e Classe! Écrivez* le nombre 100, *Attention!* notre Négligent, etc.	
Attention, 1re Classe!	*Attention, 2e Classe!*	*Attention, 3e Classe!*	*Attention, 4e Classe!*
xi.	*Écrivez* le nombre 100, *Attention!* Veau.	*Écrivez* le nombre 100, *Attention!* Indicatif présent. Je rends le questeur à la question.	*Écrivez* le nombre 100, *Attention!* notre navire, etc.
	2e DICTÉE.		
Attention, 1re Classe!	*Attention, 2e Classe!*	*Attention, 3e Classe!*	*Attention, 4e Classe!*
ix. zi. iz.	*Écrivez* le nombre 105, 110, *Attention!* vent, voie, voix.	*Écrivez* le nombre 105, 110, *Attention!* tu rends les quilles et la quincaillerie.	*Écrivez* le nombre 105, 110, *Attention!* la nourrice, etc.
	3e DICTÉE.		
Attention, 1re Classe!	*Attention, 2e Classe!*	*Attention, 3e Classe!*	*Attention, 4e Classe!*
bo. ob.	*Écrivez* le nombre 115, 120, *Attention!* Wisk. Zest, zinc. Bourg.	*Écrivez* le nombre 115, 120, *Attention!* il rend un quintal de quinquina. — n. rendons le quiproquo piquant.	*Écrivez* le nombre 115, 120, *Attention!* on Observera, etc.
	4e DICTÉE.		
Attention, 1re Classe!	*Attention, 2e Classe!*	*Attention, 3e Classe!*	*Attention, 4e Classe!*
co. oc.	*Écrivez* le nombre 125, 130, *Attention!* bruit. Chair, champ, chant.	*Écrivez* le nombre 125, 130, *Attention!* v. rendez le rabot et le radis. — ils rendent les racines et le regain.	*Écrivez* le nombre 125, 130, *Attention!* l'ouragan, etc. — l'oculiste, etc. — en Poursuivant, etc.

1re Classe. (no 11.) 4e Jour.	2e Classe. (no 11.) 4e Jour.	3e Classe. (no 13.) 2e Jour.	4e Classe. (no 15.) 2e Jour.

1re DICTÉE.

Attention! ———— 5e Classe, *écrivez!* . . . . . ———— *Attention*, 4e Classe! *Écrivez* le nombre 100, *Attention!* notre Négligent, etc.

Attention, 1re Classe!	*Attention*, 2e Classe!	*Attention*, 3e Classe!	*Attention*, 4e Classe!
xi.	*Écrivez* le nombre 100, *Attention!* Veau.	*Écrivez* le nombre 100, *Attention!* Imparfait. Je rendais les raisins et le réséda.	*Écrivez* le nombre 100, *Attention!* notre navire, etc.

2e DICTÉE.

Attention, 1re Classe!	*Attention*, 2e Classe!	*Attention*, 3e Classe!	*Attention*, 4e Classe!
ix. zi. iz.	*Écrivez* le nombre 105, 110, *Attention!* vent, voie, voix.	*Écrivez* le nombre 105, 110, *Attention!* tu rendais ses réflexions réjouissantes.	*Écrivez* le nombre 105, 110, *Attention!* la nourrice, etc.

3e DICTÉE.

Attention, 1re Classe!	*Attention*, 2e Classe!	*Attention*, 3e Classe!	*Attention*, 4e Classe!
bo. ob.	*Écrivez* le nombre 115, 120, *Attention!* Wisk. Zest, zinc. Bourg.	*Écrivez* le nombre 115, 120, *Attention!* il rendait le récépissé au receveur. — nous rendions le recueil au recteur.	*Écrivez* le nombre 115, 120, *Attention!* on Observera, etc.

4e DICTÉE.

Attention, 1re Classe!	*Attention*, 2e Classe!	*Attention*, 3e Classe!	*Attention*, 4e Classe!
co. oc.	*Écrivez* le nombre 125, 130, *Attention!* bruit. Chair, champ, chant.	*Écrivez* le nombre 125, 130, *Attention!* v. rendiez le remboursement difficile. — ils rendaient les remparts inaccessibles.	*Écrivez* le nombre 125, 130, *Attention!* l'ouragan, etc. — l'oculiste, etc. — en Poursuivant, etc.

87e JOUR.

1re CLASSE. (no 11.) 5e *Jour.*	2e CLASSE. (no 11.) 5e *Jour.*	3e CLASSE. (no 13.) 3e *Jour.*	4e CLASSE. (no 15.) 3e *Jour.*

1re DICTÉE.

Attention! ———— 5e CLASSE, *écrivez!* . . . . ———— *Attention*, 4e CLASSE! *Écrivez* le nombre 100, *Attention!* notre Négligent, etc.

Attention, 1re CLASSE!	*Attention*, 2e CLASSE!	*Attention*, 3e CLASSE!	*Attention*, 4e CLASSE!
ko.	*Écrivez* le nombre 100, *Attention!* chaux.	*Écrivez* le nombre 100, *Attention!* PARFAIT DÉFINI. Je rendis les renseignements sans regret.	*Écrivez* le nombre 100, *Attention!* notre navire, etc.

2e DICTÉE.

Attention, 1re CLASSE!	*Attention*, 2e CLASSE!	*Attention*, 3e CLASSE!	*Attention*, 4e CLASSE!
quo. do. od.	*Écrivez* le nombre 105, 110, *Attention!* chien, choix, clerc.	*Écrivez* le nombre 105, 110, *Attention!* tu rendis le rhinocéros à son gardien.	*Écrivez* le nombre 105, 110, *Attention!* la nourrice, etc.

3e DICTÉE.

Attention, 1re CLASSE!	*Attention*, 2e CLASSE!	*Attention*, 3e CLASSE!	*Attention*, 4e CLASSE!
fo. of.	*Écrivez* le nombre 115, 120, *Attention!* corps, cours, creux, croix.	*Écrivez* le nombre 115, 120, *Attention!* il rendit rudement la rhubarbe. — n. rendîmes le ricaneur ridicule.	*Écrivez* le nombre 115, 120, *Attention!* on Observera, etc.

4e DICTÉE.

Attention, 1re CLASSE!	*Attention*, 2e CLASSE!	*Attention*, 3e CLASSE!	*Attention*, 4e CLASSE!
pho.	*Écrivez* le nombre 125, 130, *Attention!* Doigt, droit. Flanc, fleur.	*Écrivez* le nombre 125, 130, *Attention!* v. rendîtes le roitelet et le rossignol. — ils rendirent le rideau et les roseaux.	*Écrivez* le nombre 125, 130, *Attention!* l'ouragan, etc. — l'oculiste, etc. — en Poursuivant, etc.

1re Classe. (no 11.) 6e Jour.	2e Classe. (n. 11.) 6e Jour.	3e Classe. (no 13.) 4e Jour.	4e Classe. (n. 15.) 4e Jour.

1re DICTÉE.

Attention! ———— 5e Classe, *écrivez!* . . . . ———— *Attention*, 4e Classe! *Écrivez* le nombre 100, *Attention!* notre Négligent, etc.

Attention, 1re Classe!	*Attention*, 2e Classe!	*Attention*, 3e Classe!	*Attention*, 4e Classe!
ko.	*Écrivez* le nombre 100, *Attention!* chaux.	*Écrivez* le nombre 100, *Attention!* PARFAIT INDÉFINI. J'ai rendu la romance et le rondeau.	*Écrivez* le nombre 100, *Attention!* notre navire, etc.

2e DICTÉE.

Attention, 1re Classe!	*Attention*, 2e Classe!	*Attention*, 3e Classe!	*Attention*, 4e Classe!
quo. do. od.	*Écrivez* le nombre 105, 110, *Attention!* chien, choix, clerc.	*Écrivez* le nombre 105, 110, *Attention!* tu as rendu les rouleaux et les rubans.	*Écrivez* le nombre 105, 110, *Attention!* la nourrice, etc.

3e DICTÉE.

Attention, 1re Classe!	*Attention*, 2e Classe!	*Attention*, 3e Classe!	*Attention*, 4e Classe!
fo. of.	*Écrivez* le nombre 115, 120, *Attention!* corps, cours, creux, croix.	*Écrivez* le nombre 115, 120, *Attention!* il a rendu cette rupture ruineuse. — n. avons rendu la route rustique.	*Écrivez* le nombre 115, 120, *Attention!* on Observera, etc.

4e DICTÉE.

Attention, 1re Classe!	*Attention*, 2e Classe!	*Attention*, 3e Classe!	*Attention*, 4e Classe!
pho.	*Écrivez* le nombre 125, 130, *Attention!* Doigt, droit. Flanc, fleur.	*Écrivez* le nombre 125, 130, *Attention!* v. avez rendu les sabots et la sacoche. — ils ont rendu la sablière samedi.	*Écrivez* le nombre 125, 130, *Attention!* Fouragan, etc. — l'oculiste, etc. — en Poursuivant, etc.

89e JOUR.

1re Classe. (n. 11.) 7e Jour.	2e Classe. (n. 11.) 7e Jour.	3e Classe. (n. 13.) 5e Jour.	4e Classe. (n. 15.) 5e Jour.
1re DICTÉE.			
Attention! ——————	5e Classe, *écrivez!* . . . . ——————	*Attention*, 4e Classe! *Écrivez* le nombre 100, *Attention!* notre Négligent, etc.	
Attention, 1re Classe! go.	*Attention*, 2e Classe! *Écrivez* le nombre 100, *Attention!* chaux.	*Attention*, 3e Classe! *Écrivez* le nombre 100, *Attention!* Parfait antérieur. J'eus rendu le sainfoin et la salsepareille.	*Attention*, 4e Classe! *Écrivez* le nombre 100, *Attention!* notre navire, etc.
2e DICTÉE.			
Attention, 1re Classe! og. ho. oh.	*Attention*, 2e Classe! *Écrivez* le nombre 105, 110, *Attention!* chien, choix, clerc.	*Attention*, 3e Classe! *Écrivez* le nombre 105, 110, *Attention!* tu eus rendu le sanctuaire sacré.	*Attention*, 4e Classe! *Écrivez* le nombre 105, 110, *Attention!* la nourrice, etc.
3e DICTÉE.			
Attention, 1re Classe! jo.	*Attention*, 2e Classe! *Écrivez* le nombre 115, 120, *Attention!* corps, cours, creux, croix.	*Attention*, 3e Classe! *Écrivez* le nombre 115, 120, *Attention!* il eut rendu les sandales et les serviettes. — n. eûmes rendu les sardines et le saumon.	*Attention*, 4e Classe! *Écrivez* le nombre 115, 120, *Attention!* on Observera, etc.
4e DICTÉE.			
Attention, 1re Classe! lo. ol.	*Attention*, 2e Classe! *Écrivez* le nombre 125, 130, *Attention!* Doigt, droit. Flanc, fleur.	*Attention*, 3e Classe! *Écrivez* le nombre 125, 130, *Attention!* v. eûtes rendu les saucisses en secret. — ils eurent rendu la santé au sénateur.	*Attention*, 4e Classe! *Écrivez* le nombre 125, 130, *Attention!* l'ouragan, etc. — l'oculiste, etc. — en Poursuivant, etc.

1re Classe. (no 11.) 8e Jour.	2e Classe. (no 11.) 8e Jour.	3e Classe. (no 13.) 6e Jour.	4e Classe. (no 15.) 6e Jour.

1re DICTÉE.

Attention! ———— 5e Classe, *écrivez!* .... ———— *Attention*, 4e Classe! *Écrivez* le nombre 100, *Attention!* notre Négligent, etc.

Attention, 1re Classe!	*Attention*, 2e Classe!	*Attention*, 3e Classe!	*Attention*, 4e Classe!
go.	*Écrivez* le nombre 100, *Attention!* chaux.	*Écrivez* le nombre 100, *Attention!* Plus-que-parfait. J'avais rendu sa signature sans scrupule.	*Écrivez* le nombre 100, *Attention!* notre navire, etc.

2e DICTÉE.

Attention, 1re Classe!	*Attention*, 2e Classe!	*Attention*, 3e Classe!	*Attention*, 4e Classe!
og. ho. oh.	*Écrivez* le nombre 105, 110, *Attention!* chien, choix, clerc.	*Écrivez* le nombre 105, 110, *Attention!* tu avais rendu ta signification scandaleuse.	*Écrivez* le nombre 115, 120, *Attention!* la nourrice, etc.

3e DICTÉE.

Attention, 1re Classe!	*Attention*, 2e Classe!	*Attention*, 3e Classe!	*Attention*, 4e Classe!
jo.	*Écrivez* le nombre 115, 120, *Attention!* corps, cours, creux, croix.	*Écrivez* le nombre 115, 120, *Attention!* il avait rendu une soixantaine de solféges. — n. avions rendu le seigle simplement.	*Écrivez* le nombre 125, 130, *Attention!* on Observera, etc.

4e DICTÉE.

Attention, 1re Classe!	*Attention*, 2e Classe!	*Attention*, 3e Classe!	*Attention*, 4e Classe!
lo. ol.	*Écrivez* le nombre 125, 130, *Attention!* Doigt, droit. Flanc, fleur.	*Écrivez* le nombre 125, 130, *Attention!* v. aviez rendu un service à la sentinelle. — ils avaient rendu la solde du soldat.	*Écrivez* le nombre 125, 130, *Attention!* l'ouragan, etc. — l'oculiste, etc. — en Poursuivant, etc.

91e *JOUR.*

1re Classe. (no 11.) 9e Jour.	2e Classe. (no 11) 9e Jour.	3e Classe. (no 13.) 7e Jour.	4e Classe. (no 15.) 7e Jour.

Attention! ——— Toutes les Classes, *Copiez vos modèles!*

» »	» »	» »	» »
» »	» »	» »	» »
» »	» »	» »	» »
» »	» »	» »	» »

92e JOUR.

1re Classe. (no 12.) 1er Jour.	2e Classe. (n. 12) 1er Jour.	3e Classe. (no 14.) 1er Jour.	4e Classe. (no 16.) 1er Jour.

1re DICTÉE.

Attention! ———— 5e Classe, *écrivez!* . . . . ———— *Attention,* 4e Classe! *Écrivez* le nombre 135, *Attention!* ce porte-faix, etc.

Attention, 1re Classe!	*Attention,* 2e Classe!	*Attention,* 3e Classe!	*Attention,* 4e Classe!
mo.	*Écrivez* le nombre 135, *Attention!* fonds.	*Écrivez* le nombre 135, *Attention!* Futur. Je rendrai une sentence contre ce seigneur.	*Écrivez* le nombre 135, *Attention!* ce palefrenier, etc.

2e DICTÉE.

Attention, 1re Classe!	*Attention,* 2e Classe!	*Attention,* 3e Classe!	*Attention,* 4e Classe!
om. no. on.	*Écrivez* le nombre 140, 145, *Attention!* fonts, frais, franc.	*Écrivez* le nombre 140, 145, *Attention!* tu rendras le sommeil au somnambule.	*Écrivez* le nombre 140, 145, *Attention!* le parapluie, etc.

3e DICTÉE.

Attention, 1re Classe!	*Attention,* 2e Classe!	*Attention,* 3e Classe!	*Attention,* 4e Classe!
po. op.	*Écrivez* le nombre 150, 155, *Attention!* frein, front, fruit. Gland.	*Écrivez* le nombre 150, 155, *Attention!* il rendra la sonde et le soufflet. — n. rendrons ces souffrances supportables.	*Écrivez* le nombre 150, 155, *Attention!* en précédant, etc.

4e DICTÉE.

Attention, 1re Classe!	*Attention,* 2e Classe!	*Attention,* 3e Classe!	*Attention,* 4e Classe!
ro. or.	*Écrivez* le nombre 160, 165, *Attention!* grain. Joint. Knout. Phlox.	*Écrivez* le nombre 160, 165, *Attention!* v. rendrez vos respects au souverain. — ils rendront le spectacle sublime.	*Écrivez* le nombre 160, 165, *Attention!* on paraissait, etc. — ton polichinelle, etc. — ta prophétie, etc.

93e JOUR.

1re Classe. (no 12.) 2e Jour.	2e Classe. (no 12.) 2e Jour.	3e Classe. (no 14.) 2e Jour.	4e Classe. (no 16.) 2e Jour.
1re DICTÉE.			
Attention! ————	5e Classe, *écrivez!* . . . . . . ————	*Attention*, 4e Classe! *Écrivez* le nombre 135, *Attention!* ce porte-faix, etc.	
Attention, 1re Classe!	*Attention*, 2e Classe!	*Attention*, 3e Classe!	*Attention*, 4e Classe!
mo.	*Écrivez* le nombre 135, *Attention!* fonds.	*Écrivez* le nombre 135, *Attention!* Futur passé. J'aurai rendu (*) la spéculation stérile.	*Écrivez* le nombre 135, *Attention!* ce palefrenier, etc.
2e DICTÉE.			
Attention, 1re Classe!	*Attention*, 2e Classe!	*Attention*, 3e Classe!	*Attention*, 4e Classe!
om. no. on.	*Écrivez* le nombre 140, 145, *Attention!* fonts, frais, franc.	*Écrivez* le nombre 140, 145, *Attention!* tu auras rendu le stratagème stupide.	*Écrivez* le nombre 140, 145, *Attention!* le parapluie, etc.
3e DICTÉE.			
Attention, 1re Classe!	*Attention*, 2e Classe!	*Attention*, 3e Classe!	*Attention*, 4e Classe!
po. op.	*Écrivez* le nombre 150, 155, *Attention!* frein, front, fruit. Gland.	*Écrivez* le nombre 150, 155, *Attention!* il aura rendu le squelette avec succès. — n. aurons rendu la statue au suisse.	*Écrivez* le nombre 150, 155, *Attention!* en précédant, etc.
4e DICTÉE.			
Attention, 1re Classe!	*Attention*, 2e Classe!	*Attention*, 3e Classe!	*Attention*, 4e Classe!
ro. or.	*Écrivez* le nombre 160, 165, *Attention!* grain. Joint. Knout. Phlox.	*Écrivez* le nombre 160, 165, *Attention!* v. aurez rendu le poignard au spadassin. — ils eurent rendu la succession du sultan.	*Écrivez* le nombre 160, 165, *Attention!* on paraissait, etc. — ton polichinelle, etc. — ta prophétie, etc.

(*) Le passé *rendu* ne doit plus être épelé que par des élèves désignés par le professeur.

1re Classe. (no 12.) 3e Jour.	2e Classe. (no 12.) 3e Jour.	3e Classe. (no 14.) 3e Jour.	4e Classe. (no 16.) 3e Jour.

1re DICTÉE.

Attention! ———— 5e Classe, *écrivez!* . . . . . ———— *Attention*, 4e Classe! *Écrivez* le nombre 135, *Attention!* ce porte-faix, etc.

Attention, 1re Classe!	*Attention*, 2e Classe!	*Attention*, 3e Classe!	*Attention*, 4e Classe!
so.	*Écrivez* le nombre 135, *Attention!* fonds.	*Écrivez* le nombre 135, *Attention!* Conditionnel présent. Je rendrais ses suggestions évidentes.	*Écrivez* le nombre 135, *Attention!* ce palefrenier, etc.

2e DICTÉE.

Attention, 1re Classe!	*Attention*, 2e Classe!	*Attention*, 3e Classe!	*Attention*, 4e Classe!
os. ço.	*Écrivez* le nombre 140, 145, *Attention!* fonts, frais, franc.	*Écrivez* le nombre 140, 145, *Attention!* tu rendrais ton style surabondant.	*Écrivez* le nombre 140, 145, *Attention!* le parapluie, etc.

3e DICTÉE.

Attention, 1re Classe!	*Attention*, 2e Classe!	*Attention*, 3e Classe!	*Attention*, 4e Classe!
to. ot.	*Écrivez* le nombre 150, 155, *Attention!* frein, front, fruit. Gland.	*Écrivez* le nombre 150, 155, *Attention!* il rendrait ces symptômes surnaturels. — n. rendrions notre système impossible.	*Écrivez* le nombre 150, 155, *Attention!* en précédant, etc.

4e DICTÉE.

Attention, 1re Classe!	*Attention*, 2e Classe!	*Attention*, 3e Classe!	*Attention*, 4e Classe!
vo. ov.	*Écrivez* le nombre 160, 165, *Attention!* grain. Joint. Knout. Phlox.	*Écrivez* le nombre 160, 165, *Attention!* v. rendriez la symphonie suave. — ils rendraient le tableau et le tambour.	*Écrivez* le nombre 160, 165, *Attention!* on paraissait, etc. — ton polichinelle, etc. — ta prophétie, etc.

95e *JOUR.*

1re Classe. (no 12.) 4e *Jour.*	2e Classe. (no 12.) 4e *Jour.*	3e Classe. (no 14.) 4e *Jour.*	4e Classe. (no 16.) 4e *Jour.*

1re DICTÉE.

Attention! ———— 5e Classe, *écrivez!* . . . . ———— *Attention,* 4e Classe! *Écrivez* le nombre 135, *Attention!* ce porte-faix, etc.

Attention, 1re Classe!	*Attention,* 2e Classe!	*Attention,* 3e Classe!	*Attention,* 4e Classe!
so.	*Écrivez* le nombre 135, *Attention!* fonds.	*Écrivez* le nombre 135, *Attention!* Conditionnel passé. J'aurais rendu le taffetas à ma tante.	*Écrivez* le nombre 135, *Attention!* ce palefrenier, etc.

2e DICTÉE.

Attention, 1re Classe!	*Attention,* 2e Classe!	*Attention,* 3e Classe!	*Attention,* 4e Classe!
os. ço.	*Écrivez* le nombre 140, 145, *Attention!* fonts, frais, franc.	*Écrivez* le nombre 140, 145, *Attention!* tu aurais rendu la transaction valable.	*Écrivez* le nombre 140, 145, *Attention!* le parapluie, etc.

3e DICTÉE.

Attention, 1re Classe!	*Attention,* 2e Classe!	*Attention,* 3e Classe!	*Attention,* 4e Classe!
to. ol.	*Écrivez* le nombre 150, 155, *Attention!* frein, front, fruit. Gland.	*Écrivez* le nombre 150, 155, *Attention!* il aurait rendu la targette et le tampon. - - n. aurions rendu la tasse et la terrine.	*Écrivez* le nombre 150, 155, *Attention!* en précédant, etc.

4e DICTÉE.

Attention, 1re Classe!	*Attention,* 2e Classe!	*Attention,* 3e Classe!	*Attention,* 4e Classe!
vo. ov.	*Écrivez* le nombre 160, 165, *Attention!* grain. Joint. Knout. Phlox.	*Écrivez* le nombre 160, 165, *Attention!* v. auriez rendu son tempérament meilleur. ils auraient rendu le télescope et les tenailles.	*Écrivez* le nombre 160, 165, *Attention!* on paraissait, etc.— ton polichinelle, etc. — ta prophétie, etc.

96e *JOUR.*

1re Classe. (no 12.) 5e Jour.	2e Classe. (n. 12.) 5e Jour.	3e Classe. (no 14.) 5e Jour.	4e Classe. (n. 16.) 5e Jour.

1re DICTÉE.

Attention! ——— 5e Classe, *écrivez!* . . . . ——— *Attention*, 4e Classe! *Écrivez* le nombre 135, *Attention!* ce porte-faix, etc.

Attention, 1re Classe!	*Attention*, 2e Classe!	*Attention*, 3e Classe!	*Attention*, 4e Classe!
xo.	*Écrivez* le nombre 135, *Attention!* plaie.	*Écrivez* le nombre 135, *Attention!* On dit aussi : J'eusse rendu le taureau paisible.	*Écrivez* le nombre 135, *Attention!* ce palefrenier, etc.

2e DICTÉE.

Attention, 1re Classe!	*Attention*, 2e Classe!	*Attention*, 3e Classe!	*Attention*, 4e Classe!
ox. yo.	*Écrivez* le nombre 140, 145, *Attention!* plant, plomb, pluie.	*Écrivez* le nombre 140, 145, *Attention!* tu eusses rendu cette tragédie au théâtre.	*Écrivez* le nombre 140, 145, *Attention!* le parapluie, etc.

3e DICTÉE.

Attention, 1re Classe!	*Attention*, 2e Classe!	*Attention*, 3e Classe!	*Attention*, 4e Classe!
zo. oz.	*Écrivez* le nombre 150, 155, *Attention!* poids, poing, point, pouls.	*Écrivez* le nombre 150, 155, *Attention!* il eût rendu sa tendresse à sa fille. — n. eussions rendu la teinture plus belle.	*Écrivez* le nombre 150, 155, *Attention!* en précédant, etc.

4e DICTÉE.

Attention, 1re Classe!	*Attention*, 2e Classe!	*Attention*, 3e Classe!	*Attention*, 4e Classe!
bu. ub.	*Écrivez* le nombre 160, 165, *Attention!* proue, puits. Quart; queue.	*Écrivez* le nombre 160, 165, *Attention!* v. eussiez rendu le testament avantageux. — ils eussent rendu le texte intelligible.	*Écrivez* le nombre 160, 165, *Attention!* on paraissait, etc.— tou polichinelle, etc. — ta prophétie, etc.

97e JOUR.

1re Classe. (n. 12.) 6e Jour.	2e Classe. (n. 12.) 6e Jour.	3e Classe. (n. 14.) 6e Jour.	4e Classe. (n. 16.) 6e Jour.

1re DICTÉE.

Attention! ———— 5e Classe, *écrivez!* . . . . ———— *Attention,* 4e Classe! *Écrivez* le nombre 135, *Attention!* ce porte-faix, etc.

Attention, 1re Classe!	*Attention*, 2e Classe!	*Attention*, 3e Classe!	*Attention*, 4e Classe!
xo.	*Écrivez* le nombre 135, *Attention!* plaie.	*Écrivez* le nombre 135, *Attention!* Impératif.	*Écrivez* le nombre 135, *Attention!* ce palefrenier, etc.

2e DICTÉE.

Attention, 1re Classe!	*Attention*, 2e Classe!	*Attention*, 3e Classe!	*Attention*, 4e Classe!
ox. yo.	*Écrivez* le nombre 140, 145, *Attention!* plant, plomb, pluie.	*Écrivez* le nombre 140, 145, *Attention!* Rends le thermomètre du tisserand.	*Écrivez* le nombre 140, 145, *Attention!* le parapluie, etc.

3e DICTÉE.

Attention, 1re Classe!	*Attention*, 2e Classe!	*Attention*, 3e Classe!	*Attention*, 4e Classe!
zo. oz.	*Écrivez* le nombre 150, 155, *Attention!* poids, poing, point, pouls.	*Écrivez* le nombre 150, 155, *Attention!* rendons le tiroir, la toge et la toile.	*Écrivez* le nombre 150, 155, *Attention!* en précédant, etc.

4e DICTÉE.

Attention, 1re Classe!	*Attention*, 2e Classe!	*Attention*, 3e Classe!	*Attention*, 4e Classe!
bu. ub.	*Écrivez* le nombre 160, 165, *Attention!* proue, puits. Quart, queue.	*Écrivez* le nombre 160, 165, *Attention!* rendez-lui la tortue et les truffes.	*Écrivez* le nombre 160, 165, *Attention!* on paraissait, etc. — ton polichinelle, etc. — ta prophétie, etc.

98ᵉ *JOUR.*

1ʳᵉ CLASSE. (nº 12.) 7ᵉ *Jour.*	2ᵉ CLASSE. (nº 12.) 7ᵉ *Jour.*	3ᵉ CLASSE. (nº 14.) 7ᵉ *Jour.*	4ᵉ CLASSE. (nº 16.) 7ᵉ *Jour.*

1ʳᵉ DICTÉE.

Attention! ———— 5ᵉ CLASSE, *écrivez!* . . . . .

3ᵉ et 4ᵉ CLASSES, *copiez vos modèles !*

Attention, 1ʳᵉ CLASSE !	*Attention*, 2ᵉ CLASSE !		
cu.	*Écrivez* le nombre 135, *Attention!* plaie.	» »	» »

2ᵉ DICTÉE.

Attention, 1ʳᵉ CLASSE !	*Attention*, 2ᵉ CLASSE !		
uc. du. ud.	*Écrivez* le nombre 140, 145, *Attention!* plant, plomb, pluie.	» »	» »

3ᵉ DICTÉE.

Attention, 1ʳᵉ CLASSE !	*Attention*, 2ᵉ CLASSE !		
fu. uf.	*Écrivez* le nombre 150, 155, *Attention!* poids, poing, point, pouls.	» »	» »

4ᵉ DICTÉE.

Attention, 1ʳᵉ CLASSE !	*Attention*, 2ᵉ CLASSE !		
gu. ug.	*Écrivez* le nombre 160, 165, *Attention!* proue, puits. Quart, queue.	» »	» »

1re CLASSE. (no 12) 8e JOUR.	2e CLASSE. (no 12.) 8e JOUR.	3e CLASSE. (no 15.) 1er JOUR.	4e CLASSE. (no 17.) 1er JOUR.
1re DICTÉE.			
Attention! ———— 5e CLASSE, *écrivez!* .... ———— *Attention,* 4e CLASSE! *Écrivez* le nombre 135, *Attention!* ce pharmacien, etc.			
Attention, 1re CLASSE! cu.	*Attention,* 2e CLASSE! *Écrivez* le nombre 135, *Attention!* plaie.	*Attention,* 3e CLASSE! *Écrivez* le nombre 135, *Attention!* SUBJONCTIF PRÉSENT. Que je rende la tourterelle et les tourtereaux.	*Attention,* 4e CLASSE! *Écrivez* le nombre 135, *Attention!* ce philosopho, etc.
2e DICTÉE.			
Attention, 1re CLASSE! uc. du. ud.	*Attention,* 2e CLASSE! *Écrivez* le nombre 140, 145, *Attention!* plant, plomb, pluie.	*Attention,* 3e CLASSE! *Écrivez* le nombre 140, 145, *Attention!* q. tu rendes la traduction élégante.	*Attention,* 4e CLASSE! *Écrivez* le nombre 140, 145, *Attention!* tu plongeras, etc.
3e DICTÉE.			
Attention, 1re CLASSE! fu. uf.	*Attention,* 2e CLASSE! *Écrivez* le nombre 150, 155, *Attention!* poids, poing, point, pouls.	*Attention,* 3e CLASSE! *Écrivez* le nombre 150, 155, *Attention!* qu'il rende le travail au transfuge. — q. n. rendions les travaux au tonnelier.	*Attention,* 4e CLASSE! *Écrivez* le nombre 150, 155, *Attention!* le prédicateur, etc.
4e DICTÉE.			
Attention, 1re CLASSE! gu. ug.	*Attention,* 2e CLASSE! *Écrivez* le nombre 160, 165, *Attention!* proue, puits. Quart, queue.	*Attention,* 3e CLASSE! *Écrivez* le nombre 160, 165, *Attention!* q. v. rendiez le tombeau imposant. — qu'ils rendent la tranchée praticable.	*Attention,* 4e CLASSE! *Écrivez* le nombre 160, 165, *Attention!* et pieusement, etc. — je Quadruplerai, etc. — le quinquina, etc.

100ᵉ JOUR.

1ʳᵉ Classe. (nº 12.) 9ᵉ Jour.	2ᵉ Classe. (n. 12.) 9ᵉ Jour.	3ᵉ Classe. (nº 15.) 2ᵉ Jour.	4ᵉ Classe. (nº 17.) 2ᵉ Jour.
1ʳᵉ DICTÉE.			
Attention! ——— 5ᵉ Classe, *écrivez!* . . . . ——— *Attention*, 4ᵉ Classe! *Écrivez* le nombre 135, *Attention!* ce pharmacien, etc. 1ʳᵉ et 2ᵉ Classes, *copiez vos modèles !*			
» »	» »	*Attention*, 3ᵉ Classe! *Écrivez* le nombre 135, *Attention!* Subjonctif présent. Que je rende la tourterelle et les tourtereaux.	*Attention*, 4ᵉ Classe! *Écrivez* le nombre 135, *Attention!* ce philosophe, etc.
2ᵉ DICTÉE.			
» »	» »	*Attention*, 3ᵉ Classe! *Écrivez* le nombre 140, 145, *Attention!* q. tu rendes la traduction élégante.	*Attention*, 4ᵉ Classe! *Écrivez* le nombre 140, 145, *Attention!* tu plongeras, etc.
3ᵉ DICTÉE.			
» »	» »	*Attention*, 3ᵉ Classe! *Écrivez* le nombre 150, 155, *Attention!* qu'il rende le travail au transfuge. — q. n. rendions les travaux au tonnelier.	*Attention*, 4ᵉ Classe! *Écrivez* le nombre 150, 155, *Attention!* le prédicateur, etc.
4ᵉ DICTÉE.			
» »	» »	*Attention*, 3ᵉ Classe! *Écrivez* le nombre 160, 165, *Attention!* q. v. rendiez le tombeau imposant. — qu'ils rendent la tranchée praticable.	*Attention*, 4ᵉ Classe! *Écrivez* le nombre 160, 165, *Attention!* et pieusement, etc. — je Quadruplerai, etc. — le quinquina, etc.

101e JOUR.

1re CLASSE. (nº 13.) 1er JOUR.	2e CLASSE. (nº 13.) 1er JOUR.	3e CLASSE. (nº 15.) 3e JOUR.	4e CLASSE. (nº 17.) 3e JOUR.
1re DICTÉE.			
Attention! ———— 5e CLASSE, *écrivez!* ...... ———— *Attention*, 4e CLASSE! *Écrivez* le nombre 170, *Attention!* ce pharmacien, etc.			
Attention, 1re CLASSE! hu.	*Attention*, 2e CLASSE! *Écrivez* le nombre 170, *Attention!* Sceau.	*Attention*, 3e CLASSE! *Écrivez* le nombre 170, *Attention!* IMPARFAIT. Que je rendisse le trébuchet et les troupeaux.	*Attention*, 4e CLASSE! *Écrivez* le nombre 170, *Attention!* ce philosophe, etc.
2e DICTÉE.			
Attention, 1re CLASSE! ju. lu. ul.	*Attention*, 2e CLASSE! *Écrivez* le nombre 175, 180, *Attention!* seing, seuil, straz.	*Attention*, 3e CLASSE! *Écrivez* le nombre 175, 180, *Attention!* q. tu rendisses la trompette et les timbales.	*Attention*, 4e CLASSE! *Écrivez* le nombre 175, 180, *Attention!* tu plongeras, etc.
3e DICTÉE.			
Attention, 1re CLASSE! mu. um.	*Attention*, 2e CLASSE! *Écrivez* le nombre 185, 190, *Attention!* Temps, tiers, train, trois.	*Attention*, 3e CLASSE! *Écrivez* le nombre 185, 190, *Attention!* qu'il rendit le trumeau et les trumeaux. — q. n. rendissions la tunique et le turban.	*Attention*, 4e CLASSE! *Écrivez* le nombre 185, 190, *Attention!* le prédicateur, etc.
4e DICTÉE.			
Attention, 1re CLASSE! nu. un.	*Attention*, 2e CLASSE! *Écrivez* le nombre 195, 200, *Attention!* tronc. Vingt. Yacht, pleurs.	*Attention*, 3e CLASSE! *Écrivez* le nombre 195, 200, *Attention!* q. v. rendissiez la turquoise et le tuyau. — qu'ils rendissent le triomphe glorieux.	*Attention*, 4e CLASSE! *Écrivez* le nombre 195, 200, *Attention!* et pieusement, etc. — je Quadruplerai, etc. — le quinquina, etc.

1re CLASSE. (no 13.) 2e *Jour.*	2e CLASSE. (no 13.) 2e *Jour.*	3e CLASSE. (no 15.) 4e *Jour.*	4e CLASSE. (no 17.) 4e *Jour.*

1re DICTÉE.

Attention! ———— 5e CLASSE, *écrivez!* . . . . . ———— *Attention,* 4e CLASSE! *Écrivez* le nombre 170, *Attention!* ce pharmacien, etc.

Attention, 1re CLASSE!	*Attention,* 2e CLASSE!	*Attention,* 3e CLASSE!	*Attention,* 4e CLASSE!
hu.	*Écrivez* le nombre 170, *Attention!* Sceau.	*Écrivez* le nombre 170, *Attention!* PARFAIT. Que j'aie rendu treize tringles.	*Écrivez* le nombre 170, *Attention!* ce philosophe, etc.

2e DICTÉE.

Attention, 1re CLASSE!	*Attention,* 2e CLASSE!	*Attention,* 3e CLASSE!	*Attention,* 4e CLASSE!
ju. lu. ul.	*Écrivez* le nombre 175, 180, *Attention!* seing, seuil, straz.	*Écrivez* le nombre 175, 180, *Attention!* q. tu aies rendu la typographie remarquable.	*Écrivez* le nombre 175, 180, *Attention!* tu plongeras, etc.

3e DICTÉE.

Attention, 1re CLASSE!	*Attention,* 2e CLASSE!	*Attention,* 3e CLASSE!	*Attention,* 4e CLASSE!
mu. um.	*Écrivez* le nombre 185, 190, *Attention!* Temps, tiers, train, trois.	*Écrivez* le nombre 185, 190, *Attention!* qu'il ait rendu l'ulcère inguérissable. — q. n. ayons rendu les ustensiles uniformes.	*Écrivez* le nombre 185, 190, *Attention!* le prédicateur, etc.

4e DICTÉE.

Attention, 1re CLASSE!	*Attention,* 2e CLASSE!	*Attention,* 3e CLASSE!	*Attention,* 4e CLASSE!
nu. un.	*Écrivez* le nombre 195, 200, *Attention!* tronc. Vingt. Yacht, pleurs.	*Écrivez* le nombre 195, 200, *Attention!* q. v. ayez rendu les vacances agréables. — qu'ils aient rendu la vaccine générale.	*Écrivez* le nombre 195, 200, *Attention!* et pieusement, etc. — je Quadruplerai, etc. — le quinquina, etc.

103e JOUR.

1re Classe. (no 13.) 3e Jour.	2e Classe. (no 13.) 3e Jour.	3e Classe. (no 15.) 5e Jour.	4e Classe. (no 17.) 5e Jour.

1re DICTÉE.

Attention! ———— 5e Classe, *écrivez!* . . . . ———— *Attention,* 4e Classe! *Écrivez* le nombre 170, *Attention!* ce pharmacien, etc.

Attention, 1re Classe!	*Attention,* 2e Classe!	*Attention,* 3e Classe!	*Attention,* 4e Classe!
pu.	*Écrivez* le nombre 170, *Attention!* Sceau.	*Écrivez* le nombre 170, *Attention!* Plus-que-parfait. Que j'eusse rendu le vaudeville à l'auteur.	*Écrivez* le nombre 170, *Attention!* ce philosophe, etc.

2e DICTÉE.

Attention, 1re Classe!	*Attention,* 2e Classe!	*Attention,* 3e Classe!	*Attention,* 4e Classe!
up. ru. ur.	*Écrivez* le nombre 175, 180, *Attention!* seing, seuil, straz.	*Écrivez* le nombre 175, 180, *Attention!* q. tu eusses rendu le velours vendredi.	*Écrivez* le nombre 175, 180, *Attention!* tu plongeras, etc.

3e DICTÉE.

Attention, 1re Classe!	*Attention,* 2e Classe!	*Attention,* 3e Classe!	*Attention,* 4e Classe!
su. us.	*Écrivez* le nombre 185, 190, *Attention!* Temps, tiers, train, trois.	*Écrivez* le nombre 185, 190, *Attention!* qu'il eût rendu la vieille vielle à la veillée. — q. n. eussions rendu le voile après les vêpres.	*Écrivez* le nombre 185, 190, *Attention!* le prédicateur, etc.

4e DICTÉE.

Attention, 1re Classe!	*Attention,* 2e Classe!	*Attention,* 3e Classe!	*Attention,* 4e Classe!
çu.	*Écrivez* le nombre 195, 200, *Attention!* tronc. Vingt. Yacht, pleurs.	*Écrivez* le nombre 195, 200, *Attention!* q. v. eussiez rendu la Ste Vierge au vicaire. — qu'ils eussent rendu une vingtaine de volumes.	*Écrivez* le nombre 195, 200, *Attention!* et pieusement, etc. — je Quadruplerai, etc. — le quinquina, etc.

104e JOUR.

1re CLASSE. (nº 13.) 4e JOUR.	2e CLASSE. (n. 13.) 4e JOUR.	3e CLASSE. (nº 15.) 6e JOUR.	4e CLASSE. (n. 17.) 6e JOUR.
1re DICTÉE.			
Attention! ——— 5e CLASSE, *écrivez!* . . . . ——— *Attention*, 4e CLASSE! *Écrivez* le nombre 170, *Attention!* ce pharmacien, etc.			
Attention, 1re CLASSE! pu.	*Attention*, 2e CLASSE! *Écrivez* le nombre 170, *Attention!* Sceau.	*Attention*, 3e CLASSE! *Écrivez* le nombre 170, *Attention!* INFINITIF PRÉSENT. Rendre le yatagan à l'arabe.	*Attention*, 4e CLASSE! *Écrivez* le nombre 170, *Attention!* ce philosophe, etc.
2e DICTÉE.			
Attention, 1re CLASSE! up. ru. ur.	*Attention*, 2e CLASSE! *Écrivez* le nombre 175, 180, *Attention!* seing, seuil, straz.	*Attention*, 3e CLASSE! *Écrivez* le nombre 175, 180, *Attention!* PASSÉ. Avoir rendu la yole au voyageur.	*Attention*, 4e CLASSE! *Écrivez* le nombre 175, 180, *Attention!* tu plongeras, etc.
3e DICTÉE.			
Attention, 1re CLASSE! su. us.	*Attention*, 2e CLASSE! *Écrivez* le nombre 185, 190, *Attention!* Temps, tiers, train, trois.	*Attention*, 3e CLASSE! *Écrivez* le nombre 185, 190, *Attention!* PARTICIPE PRÉSENT. Rendant le wagon et le locomoteur.	*Attention*, 4e CLASSE! *Écrivez* le nombre 185, 190, *Attention!* le prédicateur, etc.
4e DICTÉE.			
Attention, 1re CLASSE! çu.	*Attention*, 2e CLASSE! *Écrivez* le nombre 195, 200, *Attention!* tronc. Vingt. Yacht, pleurs.	*Attention*, 3e CLASSE! *Écrivez* le nombre 195, 200, *Attention!* PARTICIPE PASSÉ. Ayant rendu la zagaie et le zèbre. FUTUR. Devant rendre la xénographie vulgaire.	*Attention*, 4e CLASSE! *Écrivez* le nombre 195, 200, *Attention!* et pieusement, etc.—je Quadruplerai, etc. — le quinquina, etc.

1ʳᵉ CLASSE. (nº 13.) 5ᵉ *Jour.*	2ᵉ CLASSE. (nº 13.) 5ᵉ *Jour.*	3ᵉ CLASSE. (nº 15.) 7ᵉ *Jour.*	4ᵉ CLASSE. (nº 17.) 7ᵉ *Jour.*

1ʳᵉ DICTÉE.

Attention! ———— 5ᵉ CLASSE, *écrivez!* . . . . .

3ᵉ et 4ᵉ CLASSES, *copiez vos modèles !*

Attention, 1ʳᵉ CLASSE!	*Attention*, 2ᵉ CLASSE!		
tu.	*Écrivez* le nombre 170, *Attention!* Quartz.	» »	» »

2ᵉ DICTÉE.

Attention, 1ʳᵉ CLASSE!	*Attention*, 2ᵉ CLASSE!		
ut. vu. uv.	*Écrivez* le nombre 175, 180, *Attention!* schall, sphynx, œil.	» »	» »

3ᵉ DICTÉE.

Attention, 1ʳᵉ CLASSE!	*Attention*, 2ᵉ CLASSE!		
xu. ux.	*Écrivez* le nombre 185, 190, *Attention!* œuf, vœu. Bœuf, cœur.	» »	» »

4ᵉ DICTÉE.

Attention, 1ʳᵉ CLASSE!	*Attention*, 2ᵉ CLASSE!		
zu. uz.	*Écrivez* le nombre 195, 200, *Attention!* Nœud, sœur. Chœur. Mœurs.	» »	» »

1re Classe. (n. 13.) 6e *Jour.*	2e Classe. (n. 13.) 6e *Jour.*	3e Classe. (n. 16.) 1er *Jour.*	4e Classe. (n. 18.) 1er *Jour.*

1re DICTÉE.

Attention! ———— 5e Classe, *écrivez!* . . . . ———— *Attention*, 4e Classe! *Écrivez* le nombre 170, *Attention!* tu me questionnes, etc.

Attention, 1re Classe!	*Attention*, 2e Classe!	*Attention*, 3e Classe!	*Attention*, 4e Classe!
tu.	*Écrivez* le nombre 170, *Attention!* Quartz.	*Écrivez* le nombre 170, *Attention!* Indicatif présent. Je vais, tu vas, — il va à Angoulême(*).	*Écrivez* le nombre 170, *Attention!* elle quêtera, etc.

2e DICTÉE.

Attention, 1re Classe!	*Attention*, 2e Classe!	*Attention*, 3e Classe!	*Attention*, 4e Classe!
ut. vu. uv.	*Écrivez* le nombre 175, 180, *Attention!* schall, sphynx, œil.	*Écrivez* le nombre 175, 180, *Attention!* n. allons, v. allez, — ils vont à la baguette.	*Écrivez* le nombre 175, 180, *Attention!* Rappelle-toi, etc.

3e DICTÉE.

Attention, 1re Classe!	*Attention*, 2e Classe!	*Attention*, 3e Classe!	*Attention*, 4e Classe!
xu. ux.	*Écrivez* le nombre 185, 190, *Attention!* œuf, vœu. Bœuf, cœur.	*Écrivez* le nombre 185, 190, *Attention!* Imparfait. J'allais à la campagne.	*Écrivez* le nombre 185, 190, *Attention!* rembourse-lui, etc.

4e DICTÉE.

Attention, 1re Classe!	*Attention*, 2e Classe!	*Attention*, 3e Classe!	*Attention*, 4e Classe!
zu. uz.	*Écrivez* le nombre 195, 200, *Attention!* Nœud, sœur. Chœur. Mœurs.	*Écrivez* le nombre 195, 200, *Attention!* n. allions à la découverte (**).	*Écrivez* le nombre 195, 200, *Attention!* réconcilié, etc, — ses railleries, etc. — sa réponse, etc.

(*) Chef-lieu de préfecture, département de la Charente. — (**) Après les quatre dictées, les élèves doivent, en copiant, compléter les temps qui, comme celui-ci, ne le sont pas. *Exemple :* J'allais, tu allais, il allait à la campagne. — n. allions, v. alliez, ils allaient à la découverte.

107e JOUR.

1re CLASSE. (n° 13.) 7e JOUR.	2e CLASSE. (n° 13) 7e JOUR.	3e CLASSE. (n° 16.) 2e JOUR.	4e CLASSE. (n° 18.) 2e JOUR.

1re DICTÉE.

Attention! ———— 5e CLASSE, *écrivez!* . . . . ———— *Attention*, 4e CLASSE! *Écrivez* le nombre 170, *Attention!* tu me questionnes, etc.

Attention, 1re CLASSE!	*Attention*, 2e CLASSE!	*Attention*, 3e CLASSE!	*Attention*, 4e CLASSE!
be.	*Écrivez* le nombre 170, *Attention!* Quartz.	*Écrivez* le nombre 170, *Attention!* INDICATIF PRÉSENT. Je vais, tu vas, — il va à Angoulême.	*Écrivez* le nombre 170, *Attention!* elle quêtera, etc.

2e DICTÉE.

Attention, 1re CLASSE!	*Attention*, 2e CLASSE!	*Attention*, 3e CLASSE!	*Attention*, 4e CLASSE!
bé. bè. eb.	*Écrivez* le nombre 175, 180, *Attention!* schall, sphynx, œil.	*Écrivez* le nombre 175, 180, *Attention!* n. allons, v. allez, — ils vont à la baguette.	*Écrivez* le nombre 175, 180, *Attention!* Rappelle-toi, etc.

3e DICTÉE.

Attention, 1re CLASSE!	*Attention*, 2e CLASSE!	*Attention*, 3e CLASSE!	*Attention*, 4e CLASSE!
ce. cé.	*Écrivez* le nombre 185, 190, *Attention!* œuf, vœu. Bœuf, cœur.	*Écrivez* le nombre 185, 190, *Attention!* IMPARFAIT. J'allais à la campagne.	*Écrivez* le nombre 185, 190, *Attention!* rembourse-lui, etc.

4e DICTÉE.

Attention, 1re CLASSE!	*Attention*, 2e CLASSE!	*Attention*, 3e CLASSE!	*Attention*, 4e CLASSE!
cè. ec.	*Écrivez* le nombre 195, 200, *Attention!* Nœud, sœur. Chœur. Mœurs.	*Écrivez* le nombre 195, 200, *Attention!* n. allions à la découverte.	*Écrivez* le nombre 195, 200, *Attention!* réconcilié, etc. — ses railleries, etc. — sa réponse, etc.

108ᵉ *JOUR.*

1ʳᵉ CLASSE. (nᵒ 13.) 8ᵉ *Jour.*	2ᵉ CLASSE. (nᵒ 13.) 8ᵉ *Jour.*	3ᵉ CLASSE. (nᵒ 16.) 3ᵉ *Jour.*	4ᵉ CLASSE. (nᵒ 18.) 3ᵉ *Jour.*

1ʳᵉ DICTÉE.

Attention! ———— 5ᵉ CLASSE, *écrivez!* . . . . . . ———— *Attention*, 4ᵉ CLASSE! *Écrivez* le nombre 170, *Attention!* tu me questionnes, etc.

Attention, 1ʳᵉ CLASSE!	*Attention*, 2ᵉ CLASSE!	*Attention*, 3ᵉ CLASSE!	*Attention*, 4ᵉ CLASSE!
be.	*Écrivez* le nombre 170, *Attention!* Quartz.	*Écrivez* le nombre 170, *Attention!* PARFAIT DÉFINI. J'allai, tu allas, — il alla dans son échoppe.	*Écrivez* le nombre 170, *Attention!* elle quêtera, etc.

2ᵉ DICTÉE.

Attention, 1ʳᵉ CLASSE!	*Attention*, 2ᵉ CLASSE!	*Attention*, 3ᵉ CLASSE!	*Attention*, 4ᵉ CLASSE!
bé. bè. eb.	*Écrivez* le nombre 175, 180, *Attention!* schall, sphynx, œil.	*Écrivez* le nombre 175, 180, *Attention!* n. allâmes, v. allâtes, — ils allèrent en faction.	*Écrivez* le nombre 175, 180, *Attention!* Rappelle-toi, etc.

3ᵉ DICTÉE.

Attention, 1ʳᵉ CLASSE!	*Attention*, 2ᵉ CLASSE!	*Attention*, 3ᵉ CLASSE!	*Attention*, 4ᵉ CLASSE!
ce. cé.	*Écrivez* le nombre 185, 190, *Attention!* œuf, vœu. Bœuf, cœur.	*Écrivez* le nombre 185, 190, *Attention!* ON DIT AUSSI : Je fus, tu fus, — il fut avec un gascon.	*Écrivez* le nombre 185, 190, *Attention!* rembourse-lui, etc.

4ᵉ DICTÉE.

Attention, 1ʳᵉ CLASSE!	*Attention*, 2ᵉ CLASSE!	*Attention*, 3ᵉ CLASSE!	*Attention*, 4ᵉ CLASSE!
cè. ec.	*Écrivez* le nombre 195, 200, *Attention!* Nœud, sœur. Chœur. Mœurs.	*Écrivez* le nombre 195, 200, *Attention!* n. fûmes, v. fûtes, — il furent à l'hospice.	*Écrivez* le nombre 195, 200, *Attention!* réconcilié, etc. — ses railleries, etc. — sa réponse, etc.

1re CLASSE. (no 13.) 9e JOUR.	2e CLASSE. (n. 13.) 9e JOUR.	3e CLASSE. (no 16.) 4e JOUR.	4e CLASSE. (no 18.) 4e JOUR.

1re DICTÉE.

Attention! ———— 5e CLASSE, *écrivez!* . . . . ———— *Attention,* 4e CLASSE! *Écrivez* le nombre 170, *Attention!* tu me questionnes, etc.

1re et 2e CLASSES, *copiez vos modèles !*

» »	» »	*Attention,* 3e CLASSE! *Écrivez* le nombre 170, *Attention!* PARFAIT DÉFINI. J'allai, tu allas, — il alla dans son échoppe.	*Attention,* 4e CLASSE! *Écrivez* le nombre 170, *Attention!* elle quêtera, etc.

2e DICTÉE.

» »	» »	*Attention,* 3e CLASSE! *Écrivez* le nombre 175, 180, *Attention!* n. allâmes, v. allâtes, — ils allèrent en faction.	*Attention,* 4e CLASSE! *Écrivez* le nombre 175, 180, *Attention!* Rappelle-toi, etc.

3e DICTÉE.

» »	» »	*Attention,* 3e CLASSE! *Écrivez* le nombre 185, 190, *Attention!* ON DIT AUSSI : Je fus, tu fus, — il fut avec un gascon.	*Attention,* 4e CLASSE! *Écrivez* le nombre 185, 190, *Attention!* rembourse-lui, etc.

4e DICTÉE.

» »	» »	*Attention,* 3e CLASSE! *Écrivez* le nombre 195, 200, *Attention!* n. fûmes, v. fûtes, — ils furent à l'hospice.	*Attention,* 4e CLASSE! *Écrivez* le nombre 195, 200, *Attention!* réconcilié, etc. — ses railleries, etc. — sa réponse, etc.

1re Classe. (no 14.) 1er Jour.	2e Classe. (no 14.) 1er Jour.	3e Classe. (no 16.) 5e Jour.	4e Classe. (no 18.) 5e Jour.

1re DICTÉE.

Attention! ———— 5e Classe, *écrivez!* . . . . . ———— *Attention*, 4e Classe! *Écrivez* le nombre 210, *Attention!* tu me questionnes, etc.

Attention, 1re Classe!	*Attention*, 2e Classe!	*Attention*, 3e Classe!	*Attention*, 4e Classe!
se.	*Écrivez* le nombre 210, *Attention!* Chagrin.	*Écrivez* le nombre 210, *Attention!* Parfait indéfini. J'ai été voir l'incendie. — n. avons été au Japon (*).	*Écrivez* le nombre 210, *Attention!* elle quêtera, etc.

2e DICTÉE.

Attention, 1re Classe!	*Attention*, 2e Classe!	*Attention*, 3e Classe!	*Attention*, 4e Classe!
sé. sè. cs.	*Écrivez* le nombre 220, 230, *Attention!* Chagny, cheval, chevreuil.	*Écrivez* le nombre 220, 230, *Attention!* On dit aussi : Je suis allé au Kremlin (**). — il est allé labourer.	*Écrivez* le nombre 220, 230, *Attention!* Rappelle-toi, etc.

3e DICTÉE.

Attention, 1re Classe!	*Attention*, 2e Classe!	*Attention*, 3e Classe!	*Attention*, 4e Classe!
de. dé.	*Écrivez* le nombre 240, 250, *Attention!* chignon. Cholet, chute. Chypre.	*Écrivez* le nombre 240, 250, *Attention!* Parfait antérieur. J'eus été au moulin. — n. eûmes été nager.	*Écrivez* le nombre 240, 250, *Attention!* rembourse-lui, etc.

4e DICTÉE.

Attention, 1re Classe!	*Attention*, 2e Classe!	*Attention*, 3e Classe!	*Attention*, 4e Classe!
dè. ed.	*Écrivez* le nombre 260, 270, *Attention!* chaise, chambre, champion, chanson.	*Écrivez* le nombre 260, 270, *Attention!* Plus-que-parfait. J'avais été ouvrir. — n. avions été en Prusse (***).	*Écrivez* le nombre 260, 270, *Attention!* réconcilié, etc. — ses railleries, etc. — sa réponse, etc.

(*) Empire de l'Asie Orientale à l'Est de l'empire de la Chine. — (**) Ancien palais des Czars, à Moscou. — (***) Royaume de l'Europe, dont la capitale est Berlin.

111e *JOUR.*

1re Classe. (no 14.) 2e *Jour.*	2e Classe. (no 14.) 2e *Jour.*	3e Classe. (no 16.) 6e *Jour.*	4e Classe. (no 18.) 6e *Jour.*

1re DICTÉE.

Attention! ———— 5e Classe, *écrivez!* . . . . ———— *Attention,* 4e Classe! *Écrivez* le nombre 210, *Attention!* tu me questionnes, etc.

Attention, 1re Classe!	*Attention,* 2e Classe!	*Attention,* 3e Classe!	*Attention,* 4e Classe!
se.	*Écrivez* le nombre 210, *Attention!* Chagrin.	*Écrivez* le nombre 210, *Attention!* On dit aussi : J'étais allé à Quimper (*). — tu étais allé au roulage.	*Écrivez* le nombre 210, *Attention!* elle quêtera, etc.

2e DICTÉE.

Attention, 1re Classe!	*Attention,* 2e Classe!	*Attention,* 3e Classe!	*Attention,* 4e Classe!
sé. sè. es.	*Écrivez* le nombre 220, 230, *Attention!* Chagny, cheval, chevreuil.	*Écrivez* le nombre 220, 230, *Attention!* Futur. J'irai, tu iras, — il ira au sermon.	*Écrivez* le nombre 220, 230, *Attention!* Rappelle-toi, etc.

3e DICTÉE.

Attention, 1re Classe!	*Attention,* 2e Classe!	*Attention,* 3e Classe!	*Attention,* 4e Classe!
de. dé.	*Écrivez* le nombre 240, 250, *Attention!* chignon. Cholet, chute. Chypre.	*Écrivez* le nombre 240, 250, *Attention!* n. irons, v. irez, — ils iront au temple.	*Écrivez* le nombre 240, 250, *Attention!* rembourse-lui, etc.

4e DICTÉE.

Attention, 1re Classe!	*Attention,* 2e Classe!	*Attention,* 3e Classe!	*Attention,* 4e Classe!
dè. ed.	*Écrivez* le nombre 260, 270, *Attention!* chaise, chambre, champion, chanson.	*Écrivez* le nombre 260, 270, *Attention!* Futur passé. J'aurai été à Uzès (**). — n. aurons été très vite.	*Écrivez* le nombre 260, 270, *Attention!* réconcilié, etc. — ses railleries, etc. — sa réponse, etc.

(*) Ville maritime, chef-lieu de Préfecture, département du Finistère. — (**) Ancienne petite ville (Languedoc), département du Gard.

112e JOUR.

1re Classe. (no 14.) 3e Jour.	2e Classe. (no 14.) 3e Jour.	3e Classe. (no 16.) 7e Jour.	4e Classe. (no 18.) 7e Jour.

1re DICTÉE.

Attention! ———— 5e Classe, *écrivez!* . . . .

3e et 4e Classes, *copiez vos modèles!*

Attention, 1re Classe! fe.	*Attention*, 2e Classe! *Écrivez* le nombre 210, *Attention!* Chagrin.	» »	» »

2e DICTÉE.

Attention, 1re Classe! fé. fè. ef.	*Attention*, 2e Classe! *Écrivez* le nombre 220, 230, *Attention!* Chagny, cheval, chevreuil.	» »	» »

3e DICTÉE.

Attention, 1re Classe! phe. phé.	*Attention*, 2e Classe! *Écrivez* le nombre 240, 250, *Attention!* chignon. Cholet, chute. Chypre.	» »	» »

4e DICTÉE.

Attention, 1re Classe! phè.	*Attention*, 2e Classe! *Écrivez* le nombre 260, 270, *Attention!* chaise, chambre, champion, chanson.	» »	» »

1re Classe. (no 14.) 4e *Jour.*	2e Classe. (n. 14.) 4e *Jour.*	3e Classe. (no 17.) 1er *Jour.*	4e Classe. (n. 19.) 1er *Jour.*

1re DICTÉE.

Attention! ——— 5e Classe, *écrivez!* . . . . ——— *Attention*, 4e Classe! *Écrivez* le nombre 210, *Attention!* revenant, etc.

Attention, 1re Classe!	*Attention*, 2e Classe!	*Attention*, 3e Classe!	*Attention*, 4e Classe!
fe.	*Écrivez* le nombre 210, *Attention!* Chagrin.	*Écrivez* le nombre 210, *Attention!* On dit aussi : Je serai allé à Washington. — tu seras allé à Xertigny (*).	*Écrivez* le nombre 210, *Attention!* ses Semonces, etc.

2e DICTÉE.

Attention, 1re Classe!	*Attention*, 2e Classe!	*Attention*, 3e Classe!	*Attention*, 4e Classe!
fé. fè. ef.	*Écrivez* le nombre 220, 230, *Attention!* Chagny, cheval, chevreuil.	*Écrivez* le nombre 220, 230, *Attention!* Conditionnel présent. J'irais, tu irais, il irait, n. irions, v. iriez, ils iraient à Yerville (**).	*Écrivez* le nombre 220, 230, *Attention!* un samedi, etc.

3e DICTÉE.

Attention, 1re Classe!	*Attention*, 2e Classe!	*Attention*, 3e Classe!	*Attention*, 4e Classe!
phe. phé.	*Écrivez* le nombre 240, 250, *Attention!* chignon. Cholet, chute. Chypre.	*Écrivez* le nombre 240, 250, *Attention!* Conditionnel passé. J'aurais été en Zélande (***). — n. aurions été à Abbeville (****).	*Écrivez* le nombre 240, 250, *Attention!* se soutenant, etc.

4e DICTÉE.

Attention, 1re Classe!	*Attention*, 2e Classe!	*Attention*, 3e Classe!	*Attention*, 4e Classe!
phè.	*Écrivez* le nombre 260, 270, *Attention!* chaise, chambre, champion, chanson.	*Écrivez* le nombre 260, 270, *Attention!* On dit aussi : Je serais allé à Bordeaux (*****). — tu serais allé à Cognac (******).	*Écrivez* le nombre 260, 270, *Attention!* je soupçonne, etc. — un squelette, etc. — les symptômes, etc.

(*) Village du département des Vosges (Loraine). — (**) Bourg du département de la Seine-Inférieure (Normandie). — (***) Province hollandaise. — (****) Chef-lieu d'arrondissement, département de la Somme. Cette ville, dont le nom signifie *maison de campagne de l'abbé*, n'était dans le principe qu'une maison de campagne de l'abbé de St-Riquier. — (*****) Ancienne, grande et belle ville, chef-lieu de préfecture, département de la Gironde. — (******) Chef-lieu d'arrondissement, département de la Charente, patrie de François Ier.

114e *JOUR.*

1re Classe. (n. 14.) 5e *Jour.*	2e Classe. (n. 14.) 5e *Jour.*	3e Classe. (n. 17.) 2e *Jour.*	4e Classe. (n. 19.) 2e *Jour.*

1re DICTÉE.

Attention! ———— 5e Classe, *écrivez!* . . . . ———— *Attention*, 4e Classe! *Écrivez* le nombre 210, *Attention!* revenant, etc.

Attention, 1re Classe!	*Attention*, 2e Classe!	*Attention*, 3e Classe!	*Attention*, 4e Classe!
ge.	*Écrivez* le nombre 210, *Attention!* chaudron.	*Écrivez* le nombre 210, *Attention!* On dit aussi : Je serai allé à Washington. — tu seras allé à Xertigny.	*Écrivez* le nombre 210, *Attention!* ses Semonces, etc.

2e DICTÉE.

Attention, 1re Classe!	*Attention*, 2e Classe!	*Attention*, 3e Classe!	*Attention*, 4e Classe!
gé. gè. eg.	*Écrivez* le nombre 220, 230, *Attention!* charge. Cherbourg, chiendent.	*Écrivez* le nombre 220, 230, *Attention!* Conditionnel présent. J'irais, tu irais, il irait, n. irions, v. iriez, ils iraient à Yerville.	*Écrivez* le nombre 220, 230, *Attention!* un samedi, etc.

3e DICTÉE.

Attention, 1re Classe!	*Attention*, 2e Classe!	*Attention*, 3e Classe!	*Attention*, 4e Classe!
je. jé.	*Écrivez* le nombre 240, 250, *Attention!* Chaos (*), chorus (**), chlore (***), chrétien (****).	*Écrivez* le nombre 240, 250, *Attention!* Conditionnel passé. J'aurais été en Zélande. — n. aurions été à Abbeville.	*Écrivez* le nombre 240, 250, *Attention!* se soutenant, etc.

4e DICTÉE.

Attention, 1re Classe!	*Attention*, 2e Classe!	*Attention*, 3e Classe!	*Attention*, 4e Classe!
jè.	*Écrivez* le nombre 260, 270, *Attention!* christie (*****). Guenon, guêtre, guichet.	*Écrivez* le nombre 260, 270, *Attention!* On dit aussi : Je serais allé à Bordeaux. — tu serais allé à Cognac.	*Écrivez* le nombre 260, 270, *Attention!* je soupçonne, etc. — un squelette, etc. — les symptômes, etc.

(*) Prononcez *Caos.* — (**) *Corus.* — (***) *Clore.* — (****) *Crétien.* — (*****) *Cristie.*

115e JOUR.

1re Classe. (no 14.) 6e Jour.	2e Classe. (no 14.) 6e Jour.	3e Classe. (no 17.) 3e Jour.	4e Classe. (no 19.) 3e Jour.

1re DICTÉE.

Attention! ———— 5e Classe, *écrivez!* . . . . ———— *Attention*, 4e Classe! *Écrivez* le nombre 210, *Attention!* revenant, etc.

Attention, 1re Classe!	*Attention*, 2e Classe!	*Attention*, 3e Classe!	*Attention*, 4e Classe!
ge.	*Écrivez* le nombre 210, *Attention!* chaudron.	*Écrivez* le nombre 210, *Attention!* On dit encore : J'eusse été dormir. — n. eussions été en Égypte (*).	*Écrivez* le nombre 210, *Attention!* ses Semonces, etc.

2e DICTÉE.

Attention, 1re Classe!	*Attention*, 2e Classe!	*Attention*, 3e Classe!	*Attention*, 4e Classe!
gé. gè. eg.	*Écrivez* le nombre 220, 230, *Attention!* charge. Cherbourg, chiendent.	*Écrivez* le nombre 220, 230, *Attention!* Impératif. va voir les faucheurs. — vas-y, vas-en chercher. — va-t'en d'ici.	*Écrivez* le nombre 220, 230, *Attention!* un samedi, etc.

3e DICTÉE.

Attention, 1re Classe!	*Attention*, 2e Classe!	*Attention*, 3e Classe!	*Attention*, 4e Classe!
je. jé.	*Écrivez* le nombre 240, 250, *Attention!* Chaos, chorus, chlore, chrétien.	*Écrivez* le nombre 240, 250, *Attention!* Subjonctif présent. que j'aille, q. tu ailles, — qu'il aille au gymnase.	*Écrivez* le nombre 240, 250, *Attention!* se soutenant, etc.

4e DICTÉE.

Attention, 1re Classe!	*Attention*, 2e Classe!	*Attention*, 3e Classe!	*Attention*, 4e Classe!
jè.	*Écrivez* le nombre 260, 270, *Attention!* christie. Guenon, guêtre, guichet.	*Écrivez* le nombre 260, 270, *Attention!* q. n. allions, q. v. alliez, — qu'ils aillent au hameau.	*Écrivez* le nombre 260, 270, *Attention!* je soupçonne, etc. — un squelette, etc. — les symptômes, etc.

(*) Grande contrée d'Afrique.

1ʳᵉ Classe. (nᵒ 14.) 7ᵉ *Jour.*	2ᵉ Classe. (nᵒ 14.) 7ᵉ *Jour.*	3ᵉ Classe. (nᵒ 17.) 4ᵉ *Jour.*	4ᵉ Classe. (nᵒ 19.) 4ᵉ *Jour.*

1ʳᵉ DICTÉE.

Attention! ———— 5ᵉ Classe, *écrivez!* . . . . . . ———— *Attention,* 4ᵉ Classe! *Écrivez* le nombre 210, *Attention!* revenant, etc.

Attention, 1ʳᵉ Classe!	*Attention,* 2ᵉ Classe!	*Attention,* 3ᵉ Classe!	*Attention,* 4ᵉ Classe!
he.	*Écrivez* le nombre 210, *Attention!* chaudron.	*Écrivez* le nombre 210, *Attention!* On dit encore : J'eusse été dormir. — n. eussions été en Égypte.	*Écrivez* le nombre 210, *Attention!* ses Semonces, etc.

2ᵉ DICTÉE.

Attention, 1ʳᵉ Classe!	*Attention,* 2ᵉ Classe!	*Attention,* 3ᵉ Classe!	*Attention,* 4ᵉ Classe!
hé. hè. eh.	*Écrivez* le nombre 220, 230, *Attention!* charge. Cherbourg, chiendent.	*Écrivez* le nombre 220, 230, *Attention!* Impératif. va voir les faucheurs. — vas-y, vas-en chercher. — va-t-en d'ici.	*Écrivez* le nombre 220, 230, *Attention!* un samedi, etc.

3ᵉ DICTÉE.

Attention, 1ʳᵉ Classe!	*Attention,* 2ᵉ Classe!	*Attention,* 3ᵉ Classe!	*Attention,* 4ᵉ Classe!
ké. que.	*Écrivez* le nombre 240, 250, *Attention!* Chaos, chorus, chlore, chrétien.	*Écrivez* le nombre 240, 250, *Attention!* Subjonctif présent. que j'aille, q. tu ailles, — qu'il aille au gymnase.	*Écrivez* le nombre 240, 250, *Attention!* se soutenant, etc.

4ᵉ DICTÉE.

Attention, 1ʳᵉ Classe!	*Attention,* 2ᵉ Classe!	*Attention,* 3ᵉ Classe!	*Attention,* 4ᵉ Classe!
qué. què.	*Écrivez* le nombre 260, 270, *Attention!* christie. Guenon, guêtre, guichet.	*Écrivez* le nombre 260, 270, *Attention!* q. n. allions, q. v. alliez, — qu'ils aillent au hameau.	*Écrivez* le nombre 260, 270, *Attention!* je soupçonne, etc. — un squelette, etc. — les symptômes, etc.

1re Classe. (no 14.) 8e *Jour.*	2e Classe. (no 14.) 8e *Jour.*	3e Classe. (no 17.) 5e *Jour.*	4e Classe. (no 19.) 5e *Jour.*

1re DICTÉE.

Attention! ———— 5e Classe, *écrivez!* . . . . ———— *Attention,* 4e Classe! *Écrivez* le nombre 210, *Attention!* revenant, etc.

Attention, 1re Classe!	*Attention,* 2e Classe!	*Attention,* 3e Classe!	*Attention,* 4e Classe!
he.	*Écrivez* le nombre 210, *Attention!* chaudron.	*Écrivez* le nombre 210, *Attention!* Imparfait. q. j'allasse le voir incognito (*). — q. n. allassions à la joûte.	*Écrivez* le nombre 210, *Attention!* ses Semonces, etc.

2e DICTÉE.

Attention, 1re Classe!	*Attention,* 2e Classe!	*Attention,* 3e Classe!	*Attention,* 4e Classe!
hé. hè. eh.	*Écrivez* le nombre 220, 230, *Attention!* charge. Cherbourg, chiendent.	*Écrivez* le nombre 220, 230, *Attention!* On dit aussi : q. je fusse à un kilomètre (**) d'ici. — q. n. fussions dans le Limousin.	*Écrivez* le nombre 220, 230, *Attention!* un samedi, etc.

3e DICTÉE.

Attention, 1re Classe!	*Attention,* 2e Classe!	*Attention,* 3e Classe!	*Attention,* 4e Classe!
ké. que.	*Écrivez* le nombre 240, 250, *Attention!* Chaos, chorus, chlore, chrétien.	*Écrivez* le nombre 240, 250, *Attention!* Parfait. que j'aie été au marché. — q. n. ayons été à Nantes.	*Écrivez* le nombre 240, 250, *Attention!* se soutenant, etc.

4e DICTÉE.

Attention, 1re Classe!	*Attention,* 2e Classe!	*Attention,* 3e Classe!	*Attention,* 4e Classe!
qué. què.	*Écrivez* le nombre 260, 270, *Attention!* christie. Guenon, guêtres, guichet.	*Écrivez* le nombre 260, 270, *Attention!* Plus-que-parfait. que j'eusse été dans l'Occident. — q. n. eussions été à Pantin.	*Écrivez* le nombre 260, 270, *Attention!* je soupçonne, etc. — un squelette, etc. — les symptômes, etc.

(*) Nous ne multiplierons pas davantage les explications; nous en avons assez donné pour faire comprendre à Messieurs les professeurs que, même pendant les dictées, ils peuvent distraire leurs élèves tout en les instruisant. — (**) Un kilomètre équivaut à un petit quart de lieue.

118ᵉ *JOUR.*

1ʳᵉ CLASSE. (nº 14.) 9ᵉ *Jour.*	2ᵉ CLASSE. (n. 14.) 9ᵉ *Jour.*	3ᵉ CLASSE. (nº 17.) 6ᵉ *Jour.*	4ᵉ CLASSE. (nº 19.) 6ᵉ *Jour.*
1ʳᵉ DICTÉE.			
Attention! ——	5ᵉ CLASSE, *écrivez!* . . . . ——	*Attention,* 4ᵉ CLASSE! *Écrivez* le nombre 210, *Attention!* revenant, etc.	
1ʳᵉ et 2ᵉ CLASSES, *copiez vos modèles !*			
» »	» »	*Attention*, 3ᵉ CLASSE! *Écrivez* le nombre 210, *Attention!* INFINITIF PRÉSENT. aller au Quesnoy.	*Attention*, 4ᵉ CLASSE! *Écrivez* le nombre 210, *Attention!* ses Semonces, etc.
2ᵉ DICTÉE.			
» »	» »	*Attention*, 3ᵉ CLASSE! *Écrivez* le nombre 220, 230, *Attention!* PASSÉ. avoir été se rafraîchir. — ou être allé stéréotyper.	*Attention*, 4ᵉ CLASSE! *Écrivez* le nombre 220, 230, *Attention!* un samedi, etc.
3ᵉ DICTÉE.			
» »	» »	*Attention*, 3ᵉ CLASSE! *Écrivez* le nombre 240, 250, *Attention!* PARTICIPE PRÉSENT. allant à tâtons.	*Attention*, 4ᵉ CLASSE! *Écrivez* le nombre 240, 250, *Attention!* se soutenant, etc.
4ᵉ DICTÉE.			
» »	» »	*Attention*, 3ᵉ CLASSE! *Écrivez* le nombre 260, 270, *Attention!* PASSÉ. — ayant été à l'université. — ou étant allé visiter Wagram. FUTUR. — devant aller à Xicono.	*Attention*, 4ᵉ CLASSE! *Écrivez* le nombre 260, 270, *Attention!* je soupçonne, etc. — un squelette, etc. — les symptômes, etc.

119e JOUR.

1re Classe. (no 15.) 1er Jour.	2e Classe. (no 15.) 1er Jour.	3e Classe. (no 17.) 7e Jour.	4e Classe. (no 19.) 7e Jour.

1re DICTÉE.

Attention! ——————— 5e Classe, *écrivez!* . . . . .

3e et 4e Classes, *Copiez vos modèles !*

Attention, 1re Classe! le.	*Attention*, 2e Classe! *Écrivez* le nombre 280, *Attention!* guanches.	» »	» »

2e DICTÉE.

Attention, 1re Classe! lé. lè. el.	*Attention*, 2e Classe! *Écrivez* le nombre 290, 300, *Attention!* guerrier, gueule, guimpe.	» »	» »

3e DICTÉE.

Attention, 1re Classe! me. mé.	*Attention*, 2e Classe! *Écrivez* le nombre 320, 340, *Attention!* guingan. Phare, phénix, philin.	» »	» »

4e DICTÉE.

Attention, 1re Classe! mè. em.	*Attention*, 2e Classe! *Écrivez* le nombre 360, 380, *Attention!* phoque, phycos, philtre, phlomis.	» »	» »

120ᵉ JOUR.

1ʳᵉ CLASSE. (nº 15.) 2ᵉ JOUR.	2ᵉ CLASSE. (nº 15.) 2ᵉ JOUR.	3ᵉ CLASSE. (nº 18.) 1ᵉʳ JOUR.	4ᵉ CLASSE. (nº 20.) 1ᵉʳ JOUR.
1ʳᵉ DICTÉE.			
Attention! ———— 5ᵉ CLASSE, *écrivez!* .... ———— *Attention*, 4ᵉ CLASSE! *Écrivez* le nombre 280, *Attention!* ce spirituel, etc.			
Attention, 1ʳᵉ CLASSE! le.	*Attention*, 2ᵉ CLASSE! *Écrivez* le nombre 280, *Attention!* guanches.	*Attention*, 3ᵉ CLASSE! *Écrivez* le nombre 280, *Attention!* INDICATIF PRÉSENT. J'acquiers, tu acquiers, — Il acquiert un almanach.	*Attention*, 4ᵉ CLASSE! *Écrivez* le nombre 280, *Attention!* ce spadassin, etc.
2ᵉ DICTÉE.			
Attention, 1ʳᵉ CLASSE! lé. lè. el.	*Attention*, 2ᵉ CLASSE! *Écrivez* le nombre 290, 300, *Attention!* guerrier, gueule, guimpe.	*Attention*, 3ᵉ CLASSE! *Écrivez* le nombre 290, 300, *Attention!* N. acquérons, v. acquérez, — Ils acquièrent des aquarelles.	*Attention*, 4ᵉ CLASSE! *Écrivez* le nombre 290, 300, *Attention!* vous vous soignerez, etc.
3ᵉ DICTÉE.			
Attention, 1ʳᵉ CLASSE! me. mé.	*Attention*, 2ᵉ CLASSE! *Écrivez* le nombre 320, 340, *Attention!* guingan. Phare, phénix, philin.	*Attention*, 3ᵉ CLASSE! *Écrivez* le nombre 320, 340, *Attention!* IMPARFAIT. J'acquérais des bracelets. — N. acquérions une brasserie.	*Attention*, 4ᵉ CLASSE! *Écrivez* le nombre 320, 340, *Attention!* ce Taffetas, etc.
4ᵉ DICTÉE.			
Attention, 1ʳᵉ CLASSE! mè. em.	*Attention*, 2ᵉ CLASSE! *Écrivez* le nombre 360, 380, *Attention!* phoque, phycos, philtre, phlomis.	*Attention*, 3ᵉ CLASSE! *Écrivez* le nombre 360, 380, *Attention!* PARFAIT DÉFINI. J'acquis, tu acquis, — Il acquit du camphre.	*Attention*, 4ᵉ CLASSE! *Écrivez* le nombre 360, 380, *Attention!* tu traduiras, etc. — ton tambourin, etc. — termine donc, etc.

121e *JOUR.*

1re CLASSE. (no 15.) 3e *Jour.*	2e CLASSE. (n. 15.) 3e *Jour.*	3e CLASSE. (no 18.) 2e *Jour.*	4e CLASSE. (n. 20.) 2e *Jour.*

1re DICTÉE.

Attention! ———— 5e CLASSE, *écrivez!* . . . . ———— *Attention*, 4e CLASSE! *Écrivez* le nombre 280, *Attention!* ce spirituel, etc.

Attention, 1re CLASSE!	*Attention*, 2e CLASSE!	*Attention*, 3e CLASSE!	*Attention*, 4e CLASSE!
ne.	*Écrivez* le nombre 280, *Attention!* guanches.	*Écrivez* le nombre 280, *Attention!* *Suite du* PARFAIT DÉFINI. N. acquîmes, v. acquîtes, — Ils acquirent du chocolat.	*Écrivez* le nombre 280, *Attention!* ce spadassin, etc.

2e DICTÉE.

Attention, 1re CLASSE!	*Attention*, 2e CLASSE!	*Attention*, 3e CLASSE!	*Attention*, 4e CLASSE!
né. nè. en.	*Écrivez* le nombre 290, 300, *Attention!* guerrier, gueule, guimpe.	*Écrivez* le nombre 290, 300, *Attention!* PARFAIT INDÉFINI. J'ai acquis un dictionnaire. — N. a. acquis une douzaine d'œufs.	*Écrivez* le nombre 290, 300, *Attention!* vous vous soignerez, etc.

3e DICTÉE.

Attention, 1re CLASSE!	*Attention*, 2e CLASSE!	*Attention*, 3e CLASSE!	*Attention*, 4e CLASSE!
pe. pé.	*Écrivez* le nombre 320, 340, *Attention!* guingan. Phare, phénix, philin.	*Écrivez* le nombre 320, 340, *Attention!* PARFAIT ANTÉRIEUR. J'eus acquis de l'eau-de-vie. — Nous eûmes acquis des écailles.	*Écrivez* le nombre 320, 340, *Attention!* ce Taffetas, etc.

4e DICTÉE.

Attention, 1re CLASSE!	*Attention*, 2e CLASSE!	*Attention*, 3e CLASSE!	*Attention*, 4e CLASSE!
pè. ep.	*Écrivez* le nombre 360, 380, *Attention!* phoque, phycos, philtre, phlomis.	*Écrivez* le nombre 360, 380, *Attention!* PLUS-QUE-PARFAIT. J'avais acquis de la ficelle. — N. avions acquis des fleurets.	*Écrivez* le nombre 360, 380, *Attention!* tu traduiras, etc. — ton tambourin, etc. — termine donc, etc.

1re CLASSE. (n. 15.) 4e JOUR.	2e CLASSE. (n. 15.) 4e JOUR.	3e CLASSE. (n. 18.) 3e JOUR.	4e CLASSE. (n. 20.) 3e JOUR.

1re DICTÉE.

Attention! ———— 5e CLASSE, *écrivez!* . . . . ———— *Attention*, 4e CLASSE! *Écrivez* le nombre 280, *Attention!* ce spirituel, etc.

Attention, 1re CLASSE!	*Attention*, 2e CLASSE!	*Attention*, 3e CLASSE!	*Attention*, 4e CLASSE!
ne.	*Écrivez* le nombre 280, *Attention!* guanches.	*Écrivez* le nombre 280, *Attention!* FUTUR. J'acquerrai, tu acquerras, — Il acquerra des girandoles.	*Écrivez* le nombre 280, *Attention!* ce spadassin, etc.

2e DICTÉE.

Attention, 1re CLASSE!	*Attention*, 2e CLASSE!	*Attention*, 3e CLASSE!	*Attention*, 4e CLASSE!
né. nè. en.	*Écrivez* le nombre 290, 300, *Attention!* guerrier, gueule, guimpe.	*Écrivez* le nombre 290, 300, *Attention!* N. acquerrons, v. acquerrez, — Ils acquerront des goujons.	*Écrivez* le nombre 290, 300, *Attention!* vous vous soignerez, etc.

3e DICTÉE.

Attention, 1re CLASSE!	*Attention*, 2e CLASSE!	*Attention*, 3e CLASSE!	*Attention*, 4e CLASSE!
pe. pé.	*Écrivez* le nombre 320, 340, *Attention!* guingan. Phare, phénix, philin.	*Écrivez* le nombre 320, 340, *Attention!* FUTUR PASSÉ. J'aurai acquis de l'habileté. — N. aurons acquis une houlette.	*Écrivez* le nombre 320, 340, *Attention!* ce Taffetas, etc.

4e DICTÉE.

Attention, 1re CLASSE!	*Attention*, 2e CLASSE!	*Attention*, 3e CLASSE!	*Attention*, 4e CLASSE!
pè. ep.	*Écrivez* le nombre 360, 380, *Attention!* phoque, phycos, philtre, phlomis.	*Écrivez* le nombre 360, 380, *Attention!* CONDITIONNEL PRÉSENT. J'acquerrais, tu acquerrais, — Il acquerrait de l'importance.	*Écrivez* le nombre 360, 380, *Attention!* tu traduiras, etc. — ton tambourin, etc. — termine donc, etc.

1re Classe. (no 15.) 5e *Jour.*	2e Classe. (no 15.) 5e *Jour.*	3e Classe. (no 18.) 4e *Jour.*	4e Classe. (no 20.) 4e *Jour.*

1re DICTÉE.

Attention! ———— 5e Classe, *écrivez!* .... ———— *Attention*, 4e Classe! *Écrivez* le nombre 280, *Attention!* ce spirituel, etc.

Attention, 1re Classe!	*Attention*, 2e Classe!	*Attention*, 3e Classe!	*Attention*, 4e Classe!
re.	*Écrivez* le nombre 280, *Attention!* phrase.	*Écrivez* le nombre 280, *Attention!* *Suite du* Conditionnel présent. N. acquerrions, v. acquerriez, — Ils acquerraient de l'indépendance.	*Écrivez* le nombre 280, *Attention!* ce spadassin, etc.

2e DICTÉE.

Attention, 1re Classe!	*Attention*, 2e Classe!	*Attention*, 3e Classe!	*Attention*, 4e Classe!
ré. rè. er.	*Écrivez* le nombre 290, 300, *Attention!* Phrygie. Quatrain, quête.	*Écrivez* le nombre 290, 300, *Attention!* Conditionnel passé. J'aurais acquis un jambon. — N. aurions acquis du jaspe.	*Écrivez* le nombre 290, 300, *Attention!* vous vous soignerez, etc.

3e DICTÉE.

Attention, 1re Classe!	*Attention*, 2e Classe!	*Attention*, 3e Classe!	*Attention*, 4e Classe!
te. té.	*Écrivez* le nombre 320, 340, *Attention!* quitus, quotient. Rhagion, rhéteur.	*Écrivez* le nombre 320, 340, *Attention!* On dit aussi : J'eusse acquis un kakatoès (*). — N. eussions acquis un kanguroo (**).	*Écrivez* le nombre 320, 340, *Attention!* ce Taffetas, etc.

4e DICTÉE.

Attention, 1re Classe!	*Attention*, 2e Classe!	*Attention*, 3e Classe!	*Attention*, 4e Classe!
tè. et.	*Écrivez* le nombre 360, 380, *Attention!* rhexie, rhiphées. Rhodes. Rhône.	*Écrivez* le nombre 360, 380, *Attention!* Impératif. Acquiers, acquérons, — Acquérez de la limonade.	*Écrivez* le nombre 360, 380, *Attention!* tu traduiras, etc. — ton tambourin, etc. — termine donc, etc.

(*) Perroquet blanc avec une huppe qu'il redresse à volonté. — (**) Animal rongeur de la Nouvelle Hollande.

1re Classe. (no 15.) 6e Jour.	2e Classe. (no 15.) 6e Jour.	3e Classe. (no 18.) 5e Jour.	4e Classe. (no 20.) 5e Jour.

1re DICTÉE.

Attention! ———— 5e Classe, *écrivez!* . . . . . . ———— *Attention*, 4e Classe! *Écrivez* le nombre 280, *Attention!* ce spirituel, etc.

Attention, 1re Classe!	*Attention*, 2e Classe!	*Attention*, 3e Classe!	*Attention*, 4e Classe!
re.	*Écrivez* le nombre 280, *Attention!* phrase.	*Écrivez* le nombre 280, *Attention!* Subjonctif présent. Que j'acquière, q. tu acquières, — Qu'il acquière une maison.	*Écrivez* le nombre 280, *Attention!* ce spadassin, etc.

2e DICTÉE.

Attention, 1re Classe!	*Attention*, 2e Classe!	*Attention*, 3e Classe!	*Attention*, 4e Classe!
ré. rè. er.	*Écrivez* le nombre 290, 300, *Attention!* Phrygie. Quatrain, quête.	*Écrivez* le nombre 290, 300, *Attention!* Q. n. acquérions, q. v. acquériez, — Qu'ils acquièrent des mouchettes.	*Écrivez* le nombre 290, 300, *Attention!* vous vous soignerez, etc.

3e DICTÉE.

Attention, 1re Classe!	*Attention*, 2e Classe!	*Attention*, 3e Classe!	*Attention*, 4e Classe!
le. té.	*Écrivez* le nombre 320, 340, *Attention!* quitus, quotient. Rhagion, rhéteur.	*Écrivez* le nombre 320, 340, *Attention!* Imparfait. Q. j'acquisse, q. tu acquisses, — Qu'il acquît un négrillon.	*Écrivez* le nombre 320, 340, *Attention!* ce Taffetas, etc.

4e DICTÉE.

Attention, 1re Classe!	*Attention*, 2e Classe!	*Attention*, 3e Classe!	*Attention*, 4e Classe!
tè. et.	*Écrivez* le nombre 360, 380, *Attention!* rhexie, rhiphées. Rhodes. Rhône.	*Écrivez* le nombre 360, 380, *Attention!* Q. n. acquissions, q. v. acquissiez, — Qu'ils acquissent des nageoires.	*Écrivez* le nombre 360, 380, *Attention!* tu traduiras, etc. — ton tambourin, etc. — termine donc, etc.

1re Classe. (no 15.) 7e Jour.	2e Classe. (no 15.) 7e Jour.	3e Classe. (no 18.) 6e Jour.	4e Classe. (no 20.) 6e Jour.

1re DICTÉE.

Attention! ———— 5e Classe, *écrivez!* . . . . ———— *Attention*, 4e Classe! *Écrivez* le nombre 280, *Attention!* ce spirituel, etc.

Attention, 1re Classe!	*Attention*, 2e Classe!	*Attention*, 3e Classe!	*Attention*, 4e Classe!
ve.	*Écrivez* le nombre 280, *Attention!* phrase.	*Écrivez* le nombre 280, *Attention!* Parfait. Que j'aie acquis des oiseaux. — Q. n. ayons acq. de l'or d'ophir.	*Écrivez* le nombre 280, *Attention!* ce spadassin, etc.

2e DICTÉE.

Attention, 1re Classe!	*Attention*, 2e Classe!	*Attention*, 3e Classe!	*Attention*, 4e Classe!
vé. vè. ev.	*Écrivez* le nombre 290, 300, *Attention!* Phrygie. Quatrain, quête.	*Écrivez* le nombre 290, 300, *Attention!* Plus-que-parfait. Que j'eusse acquis une panthère. — Q. n. eussions acquis un piano.	*Écrivez* le nombre 290, 300, *Attention!* vous vous soignerez, etc.

3e DICTÉE.

Attention, 1re Classe!	*Attention*, 2e Classe!	*Attention*, 3e Classe!	*Attention*, 4e Classe!
xe. xé.	*Écrivez* le nombre 320, 340, *Attention!* quitus, quotient. Rhagion, rhéteur.	*Écrivez* le nombre 320, 340, *Attention!* Infinitif présent. Acquérir quatre reliques. Passé. — Avoir acquis des richesses. Part. pt. — Acquérant de la subtilité.	*Écrivez* le nombre 320, 340, *Attention!* ce Taffetas, etc.

4e DICTÉE.

Attention, 1re Classe!	*Attention*, 2e Classe!	*Attention*, 3e Classe!	*Attention*, 4e Classe!
xè. ex.	*Écrivez* le nombre 360, 380, *Attention!* rhexie, rhiphées. Rhodes. Rhône.	*Écrivez* le nombre 360, 380, *Attention!* Participe passé. — Ayant acquis une tourte. Futur. — Devant acquérir une usine.	*Écrivez* le nombre 360, 380, *Attention!* tu traduiras, etc. — ton tambourin, etc. — termine donc, etc.

1re CLASSE. (no 15.) 8e JOUR.	2e CLASSE. (no 15.) 8e JOUR.	3e CLASSE. (no 18.) 7e JOUR.	4e CLASSE. (no 20.) 7e JOUR.

1re DICTÉE.

Attention! ——— 5e CLASSE, *écrivez!* . . . . .

3e et 4e CLASSES, *Copiez vos modèles!*

Attention, 1re CLASSE!	*Attention*, 2e CLASSE!		
ve.	*Écrivez* le nombre 280, *Attention!* phrase.	» »	» »

2e DICTÉE.

Attention, 1re CLASSE!	*Attention*, 2e CLASSE!		
vé. vè. ev.	*Écrivez* le nombre 290, 300, *Attention!* Phrygie. Quatrain, quête.	» »	» »

3e DICTÉE.

Attention, 1re CLASSE!	*Attention*, 2e CLASSE!		
xe. xé.	*Écrivez* le nombre 320, 340, *Attention!* quitus, quotient. Rhagion, rhéteur.	» »	» »

4e DICTÉE.

Attention, 1re CLASSE!	*Attention*, 2e CLASSE!		
xè. ex.	*Écrivez* le nombre 360, 380, *Attention!* rhexie, rhiphées. Rhodes. Rhône.	» »	» »

127ᵉ *JOUR.*

1ʳᵉ Classe. (nº 15.) 9ᵉ *Jour.*	2ᵉ Classe. (n. 15.) 9ᵉ *Jour.*	3ᵉ Classe. (nº 19.) 1ᵉʳ *Jour.*	4ᵉ Classe. (nº 21.) 1ᵉʳ *Jour.*
1ʳᵉ DICTÉE.			
Attention! ——— 5ᵉ Classe, *écrivez!* . . . . ——— *Attention,* 4ᵉ Classe! *Écrivez* le nombre 280, *Attention!* tu travailles, etc.			
1ʳᵉ et 2ᵉ Classes, *copiez vos modèles!*			
» »	» »	*Attention,* 3ᵉ Classe! *Écrivez* le nombre 280, *Attention!* Indicatif présent. Je veux, tu veux, il veut l'absolution aujourd'hui.	*Attention,* 4ᵉ Classe! *Écrivez* le nombre 280, *Attention!* tu tourmentes, etc.
2ᵉ DICTÉE.			
» »	» »	*Attention,* 3ᵉ Classe! *Écrivez* le nombre 290, 300, *Attention!* N. voulons, v. voulez, ils veulent un bambou et une berline.	*Attention,* 4ᵉ Classe! *Écrivez* le nombre 290, 300, *Attention!* tu taquineras, etc.
3ᵉ DICTÉE.			
» »	» »	*Attention,* 3ᵉ Classe! *Écrivez* le nombre 320, 340, *Attention!* Imparfait. Je voulais des chaussons. — N. voulions une chambre.	*Attention,* 4ᵉ Classe! *Écrivez* le nombre 320, 340, *Attention!* ta tabatière, etc.
4ᵉ DICTÉE.			
» »	» »	*Attention,* 3ᵉ Classe! *Écrivez* le nombre 360, 380, *Attention!* Parfait défini. Je voulus, tu voulus, — Il voulut déjeuner là.	*Attention,* 4ᵉ Classe! *Écrivez* le nombre 360, 380, *Attention!* la tempête, etc. — tu triompheras, etc. — un Uniforme, etc.

1re Classe. (no 16.) 1er *Jour.*	2e Classe. (no 16.) 1er *Jour.*	3e Classe. (no 19.) 2e *Jour.*	4e Classe. (no 21.) 2e *Jour.*
1re DICTÉE.			
Attention! ———— 5e Classe, *écrivez!* . . . . ———— *Attention*, 4e Classe! *Écrivez* le nombre 400, *Attention!* tu travailles, etc.			
Attention, 1re Classe!	*Attention*, 2e Classe!	*Attention*, 3e Classe!	*Attention*, 4e Classe!
ye.	*Écrivez* le nombre 400, *Attention!* rhume.	*Écrivez* le nombre 400, *Attention!* *Suite du* Parfait défini. N. voulûmes, v. voulûtes, — Ils voulurent un duplicata.	*Écrivez* le nombre 400, *Attention!* tu tourmentes, etc.
2e DICTÉE.			
Attention, 1re Classe!	*Attention*, 2e Classe!	*Attention*, 3e Classe!	*Attention*, 4e Classe!
yé. yè.	*Écrivez* le nombre 450, *Attention!* rhamphe, rhytme. Scalie.	*Écrivez* le nombre 450, *Attention!* Parfait indéfini. J'ai voulu un éléphant. — N. avons voulu un emplâtre.	*Écrivez* le nombre 450, *Attention!* tu taquineras, etc.
3e DICTÉE.			
Attention, 1re Classe!	*Attention*, 2e Classe!	*Attention*, 3e Classe!	*Attention*, 4e Classe!
ze. zé.	*Écrivez* le nombre 500, 550, *Attention!* scolie, scubac, scalpel, scander.	*Écrivez* le nombre 500, 550, *Attention!* Parfait antérieur. J'eus voulu ces faisceaux. — Nous eûmes voulu ce fourneau.	*Écrivez* le nombre 500, 550, *Attention!* ta tabatière, etc.
4e DICTÉE.			
Attention, 1re Classe!	*Attention*, 2e Classe!	*Attention*, 3e Classe!	*Attention*, 4e Classe!
zè. ez.	*Écrivez* le nombre 600, 650, *Attention!* scorpion, scourgeon, sculpteur, sclarée.	*Écrivez* le nombre 600, 650, *Attention!* Plus-que-parfait. J'avais voulu une gratification. — Nous avions voulu une gousse d'ail.	*Écrivez* le nombre 600, 650, *Attention!* la tempête, etc. — tu triompheras, etc. — un Uniforme, etc.

129e *JOUR.*

1re Classe. (no 16.) 2e *Jour.*	2e Classe. (n. 16.) 2e *Jour.*	3e Classe. (no 19.) 3e *Jour.*	4e Classe. (n. 21.) 3e *Jour.*

1re DICTÉE.

Attention! ———— 5e Classe, *écrivez!* . . . . ———— *Attention,* 4e Classe! *Écrivez* le nombre 400, *Attention!* tu travailles, etc.

Attention, 1re Classe!	*Attention,* 2e Classe!	*Attention,* 3e Classe!	*Attention,* 4e Classe!
ye.	*Écrivez* le nombre 400, *Attention!* rhume.	*Écrivez* le nombre 400, *Attention!* Futur. Je voudrai, tu voudras, — Il voudra un hameçon.	*Écrivez* le nombre 400, *Attention!* tu tourmentes, etc.

2e DICTÉE.

Attention, 1re Classe!	*Attention,* 2e Classe!	*Attention,* 3e Classe!	*Attention,* 4e Classe!
yé. yè.	*Écrivez* le nombre 450, *Attention!* rhamphe, rhytme. Scalie.	*Écrivez* le nombre 450, *Attention!* N. voudrons, v. voudrez, — Ils voudront une horloge.	*Écrivez* le nombre 450, *Attention!* tu taquineras, etc.

3e DICTÉE.

Attention, 1re Classe!	*Attention,* 2e Classe!	*Attention,* 3e Classe!	*Attention,* 4e Classe!
ze. zé.	*Écrivez* le nombre 500, 550, *Attention!* scolie, scubac, scalpel, scander.	*Écrivez* le nombre 500, 550, *Attention!* Futur passé. J'aurai voulu l'immortalité. — N. aurons voulu de l'impartialité.	*Écrivez* le nombre 500, 550, *Attention!* ta tabatière, etc.

4e DICTÉE.

Attention, 1re Classe!	*Attention,* 2e Classe!	*Attention,* 3e Classe!	*Attention,* 4e Classe!
zè. ez.	*Écrivez* le nombre 600, 650, *Attention!* scorpion, scourgeon, sculpteur, sclarée.	*Écrivez* le nombre 600, 650, *Attention!* Conditionnel présent. Je voudrais, tu voudrais, — Il voudrait un jokey.	*Écrivez* le nombre 600, 650, *Attention!* la tempête, etc. — tu triompheras, etc. — un Uniforme, etc.

1re Classe. (n. 16.) 3e Jour.	2e Classe. (n. 16.) 3e Jour.	3e Classe. (n. 19.) 4e Jour.	4e Classe. (n. 21.) 4e Jour.

1re DICTÉE.

Attention! ——— 5e Classe, *écrivez!* . . . . ——— *Attention*, 4e Classe! *Écrivez* le nombre 400, *Attention!* tu travailles, etc.

Attention, 1re Classe!	*Attention*, 2e Classe!	*Attention*, 3e Classe!	*Attention*, 4e Classe!
by.	*Écrivez* le nombre 400, *Attention!* rhume.	*Écrivez* le nombre 400, *Attention!* *Suite du* Conditionnel présent. N. voudrions, v. voudriez, — Ils voudraient des jabots.	*Écrivez* le nombre 400, *Attention!* tu tourmentes, etc.

2e DICTÉE.

Attention, 1re Classe!	*Attention*, 2e Classe!	*Attention*, 3e Classe!	*Attention*, 4e Classe!
cy. sy. dy.	*Écrivez* le nombre 450, *Attention!* rhamphe, rhytme. Scalie.	*Écrivez* le nombre 450, *Attention!* Conditionnel passé. J'aurais voulu des Laquais. — N. aurions voulu des légumes.	*Écrivez* le nombre 450, *Attention!* tu taquineras, etc.

3e DICTÉE.

Attention, 1re Classe!	*Attention*, 2e Classe!	*Attention*, 3e Classe!	*Attention*, 4e Classe!
gy. hy.	*Écrivez* le nombre 500, 550, *Attention!* scolie, scubac, scalpel, scander.	*Écrivez* le nombre 500, 550, *Attention!* On dit aussi : J'eusse voulu la majorité. — N. eussions voulu un masque.	*Écrivez* le nombre 500, 550, *Attention!* ta tabatière, etc.

4e DICTÉE.

Attention, 1re Classe!	*Attention*, 2e Classe!	*Attention*, 3e Classe!	*Attention*, 4e Classe!
ky. ly.	*Écrivez* le nombre 600, 650, *Attention!* scorpion, scourgeon, sculpteur, sclarée.	*Écrivez* le nombre 600, 650, *Attention!* Impératif. Veuillez néanmoins obéir.	*Écrivez* le nombre 600, 650, *Attention!* la tempête, etc. — tu triompheras, etc. — un Uniforme, etc.

131ᵉ JOUR.

1ʳᵉ CLASSE. (nº 16) 4ᵉ JOUR.	2ᵉ CLASSE. (nº 16) 4ᵉ JOUR.	3ᵉ CLASSE. (nº 19.) 5ᵉ JOUR.	4ᵉ CLASSE. (nº 21.) 5ᵉ JOUR.

1ʳᵉ DICTÉE.

Attention! ———— 5ᵉ CLASSE, *écrivez!* . . . . ———— *Attention*, 4ᵉ CLASSE! *Écrivez* le nombre 400, *Attention!* tu travailles, etc.

Attention, 1ʳᵉ CLASSE!	*Attention*, 2ᵉ CLASSE!	*Attention*, 3ᵉ CLASSE!	*Attention*, 4ᵉ CLASSE!
by.	*Écrivez* le nombre 400, *Attention!* rhume.	*Écrivez* le nombre 400, *Attention!* SUBJONCTIF PRÉSENT. Que je veuille, q. tu veuilles, — Qu'il veuille une offrande.	*Écrivez* le nombre 400, *Attention!* tu tourmentes, etc.

2ᵉ DICTÉE.

Attention, 1ʳᵉ CLASSE!	*Attention*, 2ᵉ CLASSE!	*Attention*, 3ᵉ CLASSE!	*Attention*, 4ᵉ CLASSE!
cy. sy. dy.	*Écrivez* le nombre 450, *Attention!* rhamphe, rhytme. Scalie.	*Écrivez* le nombre 450, *Attention!* Q. n. voulions, q. v. vouliez, — Qu'ils veuillent des ornements.	*Écrivez* le nombre 450, *Attention!* tu taquineras, etc.

3ᵉ DICTÉE.

Attention, 1ʳᵉ CLASSE!	*Attention*, 2ᵉ CLASSE!	*Attention*, 3ᵉ CLASSE!	*Attention*, 4ᵉ CLASSE!
gy. hy.	*Écrivez* le nombre 500, 550, *Attention!* scolie, scubac, scalpel, scander.	*Écrivez* le nombre 500, 550, *Attention!* IMPARFAIT. Que je voulusse, q. tu voulusses, — Qu'il voulût une pacotille.	*Écrivez* le nombre 500, 550, *Attention!* ta tabatière, etc.

4ᵉ DICTÉE.

Attention, 1ʳᵉ CLASSE!	*Attention*, 2ᵉ CLASSE!	*Attention*, 3ᵉ CLASSE!	*Attention*, 4ᵉ CLASSE!
ky. ly.	*Écrivez* le nombre 600, 650, *Attention!* scorpion, scourgeon, sculpteur, sclarée.	*Écrivez* le nombre 600, 650, *Attention!* Q. n. voulussions, q. v. voulussiez, — Qu'ils voulussent des pigeons.	*Écrivez* le nombre 600, 650, *Attention!* la tempête, etc. — tu triompheras, etc. — un Uniforme, etc.

1ʳᵉ Classe. (nº 16.) 5ᵉ *Jour.*	2ᵉ Classe. (nº 16.) 5ᵉ *Jour.*	3ᵉ Classe. (nº 19.) 6ᵉ *Jour.*	4ᵉ Classe. (nº 21.) 6ᵉ *Jour.*

1ʳᵉ DICTÉE.

Attention! ———— 5ᵉ Classe, *écrivez!* . . . . . . ———— *Attention,* 4ᵉ Classe! *Écrivez* le nombre 400, *Attention!* tu travailles, etc.

Attention, 1ʳᵉ Classe!	*Attention,* 2ᵉ Classe!	*Attention,* 3ᵉ Classe!	*Attention,* 4ᵉ Classe!
my.	*Écrivez* le nombre 400, *Attention!* scribe.	*Écrivez* le nombre 400, *Attention!* Parfait. Que j'aie voulu quinze olives. — Q. n. ayons v. un quartier de veau.	*Écrivez* le nombre 400, *Attention!* tu tourmentes, etc.

2ᵉ DICTÉE.

Attention, 1ʳᵉ Classe!	*Attention,* 2ᵉ Classe!	*Attention,* 3ᵉ Classe!	*Attention,* 4ᵉ Classe!
ny. py. phy.	*Écrivez* le nombre 450, *Attention!* scruter, scène, scythe.	*Écrivez* le nombre 450, *Attention!* Plus-que-parfait. Que j'eusse voulu me taire. — Q. n. eussions voulu de l'amitié.	*Écrivez* le nombre 450, *Attention!* tu taquineras, etc.

3ᵉ DICTÉE.

Attention, 1ʳᵉ Classe!	*Attention,* 2ᵉ Classe!	*Attention,* 3ᵉ Classe!	*Attention,* 4ᵉ Classe!
ry. ty.	*Écrivez* le nombre 500, 550, *Attention!* sceptre, sciage, science, scinder.	*Écrivez* le nombre 500, 550, *Attention!* Infinitif présent. Vouloir refouler les gens. Passé. — Avoir voulu un royaume. Part. présent.— Voulant saigner une femme.	*Écrivez* le nombre 500, 550, *Attention!* ta tabatière, etc.

4ᵉ DICTÉE.

Attention, 1ʳᵉ Classe!	*Attention,* 2ᵉ Classe!	*Attention,* 3ᵉ Classe!	*Attention,* 4ᵉ Classe!
xy. zy.	*Écrivez* le nombre 600, 650, *Attention!* scission, schako, schilling, schisme.	*Écrivez* le nombre 600, 650, *Attention!* Part. passé. — Ayant voulu la sanction. Futur. — Devant vouloir une toison.	*Écrivez* le nombre 600, 650, *Attention!* la tempête, etc. — tu triompheras, etc. — un Uniforme, etc.

133ᵉ JOUR.

1ʳᵉ CLASSE. (nº 16.) 6ᵉ *Jour.*	2ᵉ CLASSE. (nº 16.) 6ᵉ *Jour.*	3ᵉ CLASSE. (nº 19.) 7ᵉ *Jour.*	4ᵉ CLASSE. (nº 21.) 7ᵉ *Jour.*
1ʳᵉ DICTÉE.			
Attention! ——— 5ᵉ CLASSE, *écrivez!*			
3ᵉ et 4ᵉ CLASSES, *Copiez vos modèles!*			
Attention, 1ʳᵉ CLASSE! my.	*Attention*, 2ᵉ CLASSE! *Écrivez* le nombre 400, *Attention!* scribe.	» »	» »
2ᵉ DICTÉE.			
Attention, 1ʳᵉ CLASSE! ny. py. phy.	*Attention*, 2ᵉ CLASSE! *Écrivez* le nombre 450, *Attention!* scruter, scène, scythe.	» »	» »
3ᵉ DICTÉE.			
Attention, 1ʳᵉ CLASSE! ry. ty.	*Attention*, 2ᵉ CLASSE! *Écrivez* le nombre 500, 550, *Attention!* sceptre, sciage, science, scinder.	» »	» »
4ᵉ DICTÉE.			
Attention, 1ʳᵉ CLASSE! xy. zy.	*Attention*, 2ᵉ CLASSE! *Écrivez* le nombre 600, 650, *Attention!* scission, schako, schilling, schisme.	» »	» »

134e JOUR.

1re Classe. (no 16.) 7e Jour.	2e Classe. (no 16.) 7e Jour.	3e Classe. (no 20.) 1er Jour.	4e Classe. (no 22) 1er Jour.

1re DICTÉE.

Attention! ———— 5e Classe, *écrivez!* . . . . ———— *Attention,* 4e Classe! *Écrivez* le nombre 400, *Attention!* vous Vaccinerez, etc.

Attention, 1re Classe!	*Attention,* 2e Classe!	*Attention,* 3e Classe!	*Attention,* 4e Classe!
Faites plusieurs æ et œ.	*Écrivez* le nombre 400, *Attention!* scribe.	*Écrivez* le nombre 400, *Attention!* Indicatif présent. Je fais, tu fais, il fait d'urgence les vendanges.	*Écrivez* le nombre 400, *Attention!* il ventera, etc,

2e DICTÉE.

Attention, 1re Classe!	*Attention,* 2e Classe!	*Attention,* 3e Classe!	*Attention,* 4e Classe!
ai. ei. au.	*Écrivez* le nombre 450, *Attention!* scruter, scène, scythe.	*Écrivez* le nombre 450, *Attention!* n. faisons, v. faites, ils font la vérification de l'acquisition.	*Écrivez* le nombre 450, *Attention!* votre veuvage, etc.

3e DICTÉE.

Attention, 1re Classe!	*Attention,* 2e Classe!	*Attention,* 3e Classe!	*Attention,* 4e Classe!
eu. œu.	*Écrivez* le nombre 500, 550, *Attention!* sceptre, sciage, science, scinder.	*Écrivez* le nombre 500, 550, *Attention!* Imparfait. Je faisais des amplifications. — n. faisions une balançoire.	*Écrivez* le nombre 500, 550, *Attention!* vous voudriez, etc.

4e DICTÉE.

Attention, 1re Classe!	*Attention,* 2e Classe!	*Attention,* 3e Classe!	*Attention,* 4e Classe!
oi. ou.	*Écrivez* le nombre 600, 650, *Attention!* scission, schako, schilling, schisme.	*Écrivez* le nombre 600, 650, *Attention!* Parfait défini. Je fis, tu fis, il fit de bonne besogne. — n. fîmes, v. fîtes, ils firent des calembourgs (*).	*Écrivez* le nombre 600, 650, *Attention!* vous voyagerez, etc. — il vieillira, etc. — je le vilipende, etc.

(*) Suivant l'Académie il faut écrire *calembour*.

135e JOUR.

1re CLASSE. (no 16.) 8e JOUR.	2e CLASSE. (n. 16) 8e JOUR.	3e CLASSE. (no 20.) 2e JOUR.	4e CLASSE. (no 22.) 2e JOUR.

1re DICTÉE.

Attention! ——— 5e CLASSE, *écrivez!* . . . . ——— *Attention*, 4e CLASSE! *Écrivez* le nombre 400, *Attention!* vous Vaccinerez, etc.

Attention, 1re CLASSE!	*Attention*, 2e CLASSE!	*Attention*, 3e CLASSE!	*Attention*, 4e CLASSE!
Faites plusieurs æ et œ.	*Écrivez* le nombre 400, *Attention!* scribe.	*Écrivez* le nombre 400, *Attention!* INDICATIF PRÉSENT. Je fais, tu fais, il fait d'urgence les vendanges.	*Écrivez* le nombre 400, *Attention!* il ventera, etc.

2e DICTÉE.

Attention, 1re CLASSE!	*Attention*, 2e CLASSE!	*Attention*, 3e CLASSE!	*Attention*, 4e CLASSE!
ai. ei. au.	*Écrivez* le nombre 450, *Attention!* scruter, scène, scythe.	*Écrivez* le nombre 450, *Attention!* n. faisons, v. faites, ils font la vérification de l'acquisition.	*Écrivez* le nombre 450, *Attention!* votre veuvage, etc.

3e DICTÉE.

Attention, 1re CLASSE!	*Attention*, 2e CLASSE!	*Attention*, 3e CLASSE!	*Attention*, 4e CLASSE!
eu. œu.	*Écrivez* le nombre 500, 550, *Attention!* sceptre, sciage, science, scinder.	*Écrivez* le nombre 500, 550, *Attention!* IMPARFAIT. Je faisais des amplifications. n. faisions une balançoire.	*Écrivez* le nombre 500, 550, *Attention!* vous voudriez, etc.

4e DICTÉE.

Attention, 1re CLASSE!	*Attention*, 2e CLASSE!	*Attention*, 3e CLASSE!	*Attention*, 4e CLASSE!
oi. ou.	*Écrivez* le nombre 600, 650, *Attention!* scission, schako, schilling, schisme.	*Écrivez* le nombre 600, 650, *Attention!* PARFAIT DÉFINI. Je fis, tu fis, il fit de bonne besogne. — n. fîmes, v. fîtes, ils firent des calembourgs.	*Écrivez* le nombre 600, 650, *Attention!* vous voyagerez, etc. — il vieillira, etc. — je le vilipende, etc.

1re Classe. (no 16.) 9e Jour.	2e Classe. (no 16.) 9e Jour.	3e Classe. (no 20.) 3e Jour.	4e Classe. (no 22.) 3e Jour.
1re DICTÉE.			
Attention! ———— 5e Classe, *écrivez!* . . . . ———— *Attention,* 4e Classe! *Écrivez* le nombre 400, *Attention!* vous Vaccinerez, etc.			
1re et 2e Classes, *copiez vos modèles!*			
» »	» »	*Attention,* 3e Classe! *Écrivez* le nombre 400, *Attention!* PARFAIT INDÉFINI. J'ai fait des chroniques. — n. avons fait des difficultés.	*Attention,* 4e Classe! *Écrivez* le nombre 400, *Attention!* il ventera, etc.
2e DICTÉE.			
» »	» »	*Attention,* 3e Classe! *Écrivez* le nombre 450, *Attention!* PARFAIT ANTÉRIEUR. J'eus fait une dragonne d'épée. — n. eûmes fait un écheveau de fil.	*Attention,* 4e Classe! *Écrivez* le nombre 450, *Attention!* votre veuvage, etc.
3e DICTÉE.			
» »	» »	*Attention,* 3e Classe! *Écrivez* le nombre 500, 550, *Attention!* PLUS-QUE-PARFAIT. J'avais fait des épaulettes. — n. avions fait des fictions.	*Attention,* 4e Classe! *Écrivez* le nombre 500, 550, *Attention!* vous voudriez, etc.
4e DICTÉE.			
» »	» »	*Attention,* 3e Classe! *Écrivez* le nombre 600, 650, *Attention!* FUTUR. Je ferai, tu feras, il fera de la fantasmagorie.	*Attention,* 4e Classe! *Écrivez* le nombre 600, 650, *Attention!* vous voyagerez, etc. — il vieillira, etc. — je le vilipende, etc.

137e JOUR.

1re Classe. (no 17.) 1er Jour.	2e Classe. (n. 17.) 1er Jour.	3e Classe. (no 20.) 4e Jour.	4e Classe. (n. 22.) 4e Jour.

1re DICTÉE.

Attention! ——— 5e Classe, *écrivez!* . . . . ——— *Attention*, 4e Classe! *Écrivez* le nombre 700, *Attention!* vous Vaccinerez, etc.

Attention, 1re Classe!	*Attention*, 2e Classe!	*Attention*, 3e Classe!	*Attention*, 4e Classe!
bà.	*Écrivez* le nombre 700, *Attention!* schoner.	*Écrivez* le nombre 700, *Attention!* Parfait indéfini. J'ai fait des chroniques. — n. avons fait des difficultés.	*Écrivez* le nombre 700, *Attention!* il ventera, etc.

2e DICTÉE.

Attention, 1re Classe!	*Attention*, 2e Classe!	*Attention*, 3e Classe!	*Attention*, 4e Classe!
cà. fà. gà.	*Écrivez* le nombre 750, *Attention!* Slave, smaris, smithie.	*Écrivez* le nombre 750, *Attention!* Parfait antérieur. J'eus fait une dragonne d'épée. — n. eûmes fait un écheveau de fil.	*Écrivez* le nombre 750, *Attention!* votre veuvage, etc.

3e DICTÉE.

Attention, 1re Classe!	*Attention*, 2e Classe!	*Attention*, 3e Classe!	*Attention*, 4e Classe!
hà. là.	*Écrivez* le nombre 800, 850, *Attention!* smogleur, smyre. Smyrne, spahi.	*Écrivez* le nombre 800, 850, *Attention!* Plus-que-parfait. J'avais fait des épaulettes. — n. avions fait des fictions.	*Écrivez* le nombre 800, 850, *Attention!* vous voudriez, etc.

4e DICTÉE.

Attention, 1re Classe!	*Attention*, 2e Classe!	*Attention*, 3e Classe!	*Attention*, 4e Classe!
mà. nà.	*Écrivez* le nombre 900, 950, *Attention!* spirée, spore, spure, spasme.	*Écrivez* le nombre 900, 950, *Attention!* Futur. Je ferai, tu feras, il fera de la fantasmagorie.	*Écrivez* le nombre 900, 950, *Attention!* vous voyagerez, etc. — il vieillira, etc. — je le vilipende, etc.

1re CLASSE. (n. 17.) 2e JOUR.	2e CLASSE. (n. 17.) 2e JOUR.	3e CLASSE. (n. 20.) 5e JOUR.	4e CLASSE. (n. 22.) 5e JOUR.

1re DICTÉE.

Attention! ———— 5e CLASSE, *écrivez!* . . . . ———— *Attention*, 4e CLASSE! *Écrivez* le nombre 700, *Attention!* vous Vaccinerez, etc.

Attention, 1re CLASSE!	*Attention*, 2e CLASSE!	*Attention*, 3e CLASSE!	*Attention*, 4e CLASSE!
bâ.	*Écrivez* le nombre 700, *Attention!* schoner.	*Écrivez* le nombre 700, *Attention!* *Suite du* FUTUR. n. ferons, v. ferez, ils feront des grimaces et des grossièretés.	*Écrivez* le nombre 700, *Attention!* il ventera, etc.

2e DICTÉE.

Attention, 1re CLASSE!	*Attention*, 2e CLASSE!	*Attention*, 3e CLASSE!	*Attention*, 4e CLASSE!
câ. fâ. gâ.	*Écrivez* le nombre 750, *Attention!* Slave, smaris, smithie.	*Écrivez* le nombre 750, *Attention!* FUTUR PASSÉ. J'aurai fait hommage au héros. — n. aurons fait des inscriptions.	*Écrivez* le nombre 750, *Attention!* votre veuvage, etc.

3e DICTÉE.

Attention, 1re CLASSE!	*Attention*, 2e CLASSE!	*Attention*, 3e CLASSE!	*Attention*, 4e CLASSE!
hâ. lâ.	*Écrivez* le nombre 800, 850, *Attention!* smogleur, smyre. Smyrne, spahi.	*Écrivez* le nombre 800, 850, *Attention!* CONDITIONNEL PRÉSENT. Je ferais, tu ferais, il ferait des idoles d'ivoire.	*Écrivez* le nombre 800, 850, *Attention!* vous voudriez, etc.

4e DICTÉE.

Attention, 1re CLASSE!	*Attention*, 2e CLASSE!	*Attention*, 3e CLASSE!	*Attention*, 4e CLASSE!
mâ. nâ.	*Écrivez* le nombre 900, 950, *Attention!* spirée, spore, spure, spasme.	*Écrivez* le nombre 900, 950, *Attention!* n. ferions, v. feriez, ils feraient des jalons pour le jardin.	*Écrivez* le nombre 900, 950, *Attention!* vous voyagerez, etc. — il vieillira, etc. — je le vilipende, etc.

19e JOUR.

1re CLASSE. (n° 17.) 3e Jour.	2e CLASSE. (n° 17) 3e Jour.	3e CLASSE. (n° 20.) 6e Jour.	4e CLASSE. (n° 22.) 6e Jour.

1re DICTÉE.

Attention! ———— 5e CLASSE, *écrivez!* . . . . ———— *Attention,* 4e CLASSE! *Écrivez* le nombre 700, *Attention!* vous Vaccinerez, etc.

Attention, 1re CLASSE!	*Attention,* 2e CLASSE!	*Attention,* 3e CLASSE!	*Attention,* 4e CLASSE!
pâ.	*Écrivez* le nombre 700, *Attention!* schoner.	*Écrivez* le nombre 700, *Attention!* *Suite du* FUTUR. n. ferons, v. ferez, ils feront des grimaces et des grossièretés.	*Écrivez* le nombre 700, *Attention!* il ventera, etc.

2e DICTÉE.

Attention, 1re CLASSE!	*Attention,* 2e CLASSE!	*Attention,* 3e CLASSE!	*Attention,* 4e CLASSE!
râ. sâ. çâ.	*Écrivez* le nombre 750, *Attention!* Slave, smaris, smithie.	*Écrivez* le nombre 750, *Attention!* FUTUR PASSÉ. J'aurai fait hommage au héros. — n. aurons fait des inscriptions.	*Écrivez* le nombre 750, *Attention!* votre veuvage, etc.

3e DICTÉE.

Attention, 1re CLASSE!	*Attention,* 2e CLASSE!	*Attention,* 3e CLASSE!	*Attention,* 4e CLASSE!
tâ. vâ.	*Écrivez* le nombre 800, 850, *Attention!* smogleur, smyre. Smyrne, spahi.	*Écrivez* le nombre 800, 850, *Attention!* CONDITIONNEL PRÉSENT. Je ferais, tu ferais, il ferait des idoles d'ivoire.	*Écrivez* le nombre 800, 850, *Attention!* vous voudriez, etc.

4e DICTÉE.

Attention, 1re CLASSE!	*Attention,* 2e CLASSE!	*Attention,* 3e CLASSE!	*Attention,* 4e CLASSE!
bé. cé.	*Écrivez* le nombre 900, 950, *Attention!* spirée, spore, spure, spasme.	*Écrivez* le nombre 900, 950, *Attention!* n. ferions, v. feriez, ils feraient des jalons pour le jardin.	*Écrivez* le nombre 900, 950, *Attention!* vous voyagerez, etc. — il vieillira, etc. — je le vilipende, etc.

140e JOUR.

1re Classe. (no 17.) 4e Jour.	2e Classe. (no 17.) 4e Jour.	3e Classe. (no 20.) 7e Jour.	4e Classe. (no 22.) 7e Jour.

1re DICTÉE.

Attention! ——————— 5e Classe, *écrivez!* . . . . .

3e et 4e Classes, *Copiez vos modèles!*

Attention, 1re Classe!	*Attention*, 2e Classe!		
pâ.	*Écrivez* le nombre 700, *Attention!* schoner.	» »	» »

2e DICTÉE.

Attention, 1re Classe!	*Attention*, 2e Classe!		
râ. sâ. çâ.	*Écrivez* le nombre 750, *Attention!* Slave, smaris, smithie.	» »	» »

3e DICTÉE.

Attention, 1re Classe!	*Attention*, 2e Classe!		
tâ. vâ.	*Écrivez* le nombre 800, 850, *Attention!* smogleur, smyre. Smyrne, spahi.	» »	» »

4e DICTÉE.

Attention, 1re Classe!	*Attention*, 2e Classe!		
bé. cé.	*Écrivez* le nombre 900, 950, *Attention!* spirée, spore, spure, spasme.	» »	» »

141ᵉ *JOUR.*

1ʳᵉ Classe. (nº 17.) 5ᵉ *Jour.*	2ᵉ Classe. (nº 17.) 5ᵉ *Jour.*	3ᵉ Classe. (nº 21.) 1ᵉʳ *Jour.*	4ᵉ Classe. (nº 23.) 1ᵉʳ *Jour.*

1ʳᵉ DICTÉE.

Attention! ———— 5ᵉ Classe, *écrivez!* . . . . . . ———— *Attention*, 4ᵉ Classe! *Écrivez* le nombre 700, *Attention!* vous veillerez, etc.

Attention, 1ʳᵉ Classe!	*Attention*, 2ᵉ Classe!	*Attention*, 3ᵉ Classe!	*Attention*, 4ᵉ Classe!
sê.	*Écrivez* le nombre 700, *Attention!* spectre.	*Écrivez* le nombre 700, *Attention!* Conditionnel passé. J'aurais fait un labyrinthe. — n. aurions fait de mauvaises liaisons.	*Écrivez* le nombre 700, *Attention!* mais vérifiez, etc.

2ᵉ DICTÉE.

Attention, 1ʳᵉ Classe!	*Attention*, 2ᵉ Classe!	*Attention*, 3ᵉ Classe!	*Attention*, 4ᵉ Classe!
dè. fè. gè.	*Écrivez* le nombre 750, *Attention!* spencer, spondée, sphère.	*Écrivez* le nombre 750, *Attention!* On dit aussi : J'eusse fait un marteau, des marteaux. — n. eussions fait naufrage.	*Écrivez* le nombre 750, *Attention!* Vercingétorix, etc.

3ᵉ DICTÉE.

Attention, 1ʳᵉ Classe!	*Attention*, 2ᵉ Classe!	*Attention*, 3ᵉ Classe!	*Attention*, 4ᵉ Classe!
hé. lé.	*Écrivez* le nombre 800, 850, *Attention!* sphingion, splendeur, square, squenée.	*Écrivez* le nombre 800, 850, *Attention!* Impératif. Fais, faisons le nettoyage. — faites noblement ceci.	*Écrivez* le nombre 800, 850, *Attention!* de Washinton, etc.

4ᵉ DICTÉE.

Attention, 1ʳᵉ Classe!	*Attention*, 2ᵉ Classe!	*Attention*, 3ᵉ Classe!	*Attention*, 4ᵉ Classe!
mé. né.	*Écrivez* le nombre 900, 950, *Attention!* squine, statue, station, stère.	*Écrivez* le nombre 900, 950, *Attention!* Subjonctif présent. Que je fasse, q. tu fasses, qu'il fasse obliquement l'obélisque.	*Écrivez* le nombre 900, 950, *Attention!* ma Xénomanie, etc. — à Xertigny, etc. — de Yarmouth, etc.

1re Classe. (no 17.) 6e Jour.	2e Classe. (no 17.) 6e Jour.	3e Classe. (no 21.) 2e Jour.	4e Classe. (no 23) 2e Jour.

1re DICTÉE.

Attention! ———— 5e Classe, *écrivez!* . . . . ———— *Attention*, 4e Classe! *Écrivez* le nombre 700, *Attention!* vous veillerez, etc.

Attention, 1re Classe!	*Attention*, 2e Classe!	*Attention*, 3e Classe!	*Attention*, 4e Classe!
sé.	*Écrivez* le nombre 700, *Attention!* spectre.	*Écrivez* le nombre 700, *Attention!* CONDITIONNEL PASSÉ. J'aurais fait un labyrinthe. — n. aurions fait de mauvaises liaisons.	*Écrivez* le nombre 700, *Attention!* mais vérifiez, etc.

2e DICTÉE.

Attention, 1re Classe!	*Attention*, 2e Classe!	*Attention*, 3e Classe!	*Attention*, 4e Classe!
dé. fé. gé.	*Écrivez* le nombre 750, *Attention!* spencer, spondée, sphère.	*Écrivez* le nombre 750, *Attention!* ON DIT AUSSI : J'eusse fait un marteau, des marteaux. — n. eussions fait naufrage.	*Écrivez* le nombre 750, *Attention!* Vercingétorix, etc.

3e DICTÉE.

Attention, 1re Classe!	*Attention*, 2e Classe!	*Attention*, 3e Classe!	*Attention*, 4e Classe!
hé. lé.	*Écrivez* le nombre 800, 850, *Attention!* sphingion, splendeur, square, squenée.	*Écrivez* le nombre 800, 850, *Attention!* IMPÉRATIF. Fais, faisons le nettoyage. — faites noblement ceci.	*Écrivez* le nombre 800, 850, *Attention!* de Washington, etc.

4e DICTÉE.

Attention, 1re Classe!	*Attention*, 2e Classe!	*Attention*, 3e Classe!	*Attention*, 4e Classe!
mé. né.	*Écrivez* le nombre 900, 950, *Attention!* squine, statue, station, stère.	*Écrivez* le nombre 900, 950, *Attention!* SUBJONCTIF PRÉSENT. Que je fasse, q. tu fasses, qu'il fasse obliquement l'obélisque.	*Écrivez* le nombre 900, 950, *Attention!* ma Xénomanie, etc. — à Xertigny, etc. — de Yarmouth, etc.

1ʳᵉ Classe. (nº 17.) 7ᵉ Jour.	2ᵉ Classe. (n. 17.) 7ᵉ Jour.	3ᵉ Classe. (nº 21.) 8ᵉ Jour.	4ᵉ Classe. (nº 28.) 8ᵉ Jour.
	1ʳᵉ DICTÉE.		
Attention! ————	5ᵉ Classe, *écrivez!* . . . . ————	*Attention,* 4ᵉ Classe! *Écrivez* le nombre 700, *Attention!* vous veilleriez, etc.	
Attention, 1ʳᵉ Classe!	*Attention,* 2ᵉ Classe!	*Attention,* 3ᵉ Classe!	*Attention,* 4ᵉ Classe!
pé.	*Écrivez* le nombre 700, *Attention!* spectre.	*Écrivez* le nombre 700, *Attention!* *Suite du* Subjonctif présent. q. n. fassions, q. v. fassiez, qu'ils fassent une pirogue avec des planches.	*Écrivez* le nombre 700, *Attention!* mais vérifiez, etc.
	2ᵉ DICTÉE.		
Attention, 1ʳᵉ Classe!	*Attention,* 2ᵉ Classe!	*Attention,* 3ᵉ Classe!	*Attention,* 4ᵉ Classe!
rê. tê. vê.	*Écrivez* le nombre 750, *Attention!* spencer, spondée, sphère.	*Écrivez* le nombre 750, *Attention!* Imparfait. Que je fisse, q. tu fisses, qu'il fît une querelle au quêteur.	*Écrivez* le nombre 750, *Attention!* Vercingétorix, etc.
	3ᵉ DICTÉE.		
Attention, 1ʳᵉ Classe!	*Attention,* 2ᵉ Classe!	*Attention,* 3ᵉ Classe!	*Attention,* 4ᵉ Classe!
bt. ct.	*Écrivez* le nombre 800, 850, *Attention!* sphingion, splendeur, square, squenée.	*Écrivez* le nombre 800, 850, *Attention!* q. n. fissions, q. v. fissiez, qu'ils fissent remorquer les radeaux.	*Écrivez* le nombre 800, 850, *Attention!* de Washington, etc.
	4ᵉ DICTÉE.		
Attention, 1ʳᵉ Classe!	*Attention,* 2ᵉ Classe!	*Attention,* 3ᵉ Classe!	*Attention,* 4ᵉ Classe!
st. dt.	*Écrivez* le nombre 900, 950, *Attention!* squine, statue, station, stère.	*Écrivez* le nombre 900, 950, *Attention!* Parfait. que j'aie fait un siphon et un sifflet. — q. n. ayons fait un seul spécimen.	*Écrivez* le nombre 900, 950, *Attention!* ma Xénomanie, etc. — à Xertigny, etc. — de Yarmouth, etc.

1re Classe. (no 17.) 8e Jour.	2e Classe. (n. 17.) 8e Jour.	3e Classe. (no 21.) 4e Jour.	4e Classe. (n. 23.) 4e Jour.

1re DICTÉE.

Attention! ———— 5e Classe, *écrivez!* . . . . ———— *Attention*, 4e Classe! *Écrivez* le nombre 700, *Attention!* vous veillerez, etc.

Attention, 1re Classe!	*Attention*, 2e Classe!	*Attention*, 3e Classe!	*Attention*, 4e Classe!
pé.	*Écrivez* le nombre 700, *Attention!* spectre.	*Écrivez* le nombre 700, *Attention!* *Suite du* Subjonctif présent. q. n. fassions, q. v. fassiez, qu'ils fassent une pirogue avec des planches.	*Écrivez* le nombre 700, *Attention!* mais vérifiez, etc.

2e DICTÉE.

Attention, 1re Classe!	*Attention*, 2e Classe!	*Attention*, 3e Classe!	*Attention*, 4e Classe!
ré. té. vé.	*Écrivez* le nombre 750, *Attention!* spencer, spondée, sphère.	*Écrivez* le nombre 750, *Attention!* Imparfait. Que je fisse, q. tu fisses, qu'il fît une querelle au quêteur.	*Écrivez* le nombre 750, *Attention!* Vercingétorix, etc.

3e DICTÉE.

Attention, 1re Classe!	*Attention*, 2e Classe!	*Attention*, 3e Classe!	*Attention*, 4e Classe!
bl. cl.	*Écrivez* le nombre 800, 850, *Attention!* sphingion, splendeur, square, squenée.	*Écrivez* le nombre 800, 850, *Attention!* q. n. fissions, q. v. fissiez, qu'ils fissent remorquer les radeaux.	*Écrivez* le nombre 800, 850, *Attention!* de Washington, etc.

4e DICTÉE.

Attention, 1re Classe!	*Attention*, 2e Classe!	*Attention*, 3e Classe!	*Attention*, 4e Classe!
sl. dl.	*Écrivez* le nombre 900, 950, *Attention!* squine, statue, station, stère.	*Écrivez* le nombre 900, 950, *Attention!* Parfait. que j'aie fait un siphon et un sifflet. — q. n. ayons fait un seul spécimen.	*Écrivez* le nombre 900, 950, *Attention!* ma Xénomanie, etc. — à Xertigny, etc. — de Yarmouth, etc.

145e JOUR.

1re Classe. (no 17.) 9e Jour.	2e Classe. (no 17.) 9e Jour.	3e Classe. (no 21.) 5e Jour.	4e Classe. (no 23.) 5e Jour.

1re DICTÉE.

Attention! ———— 5e Classe, *écrivez!* . . . . ———— *Attention*, 4e Classe! *Écrivez* le nombre 700, *Attention!* vous veillerez, etc.

1re et 2e Classes, *copiez vos modèles !*

» »	» »	*Attention*, 3e Classe! *Écrivez* le nombre 700, *Attention!* Plus-que-parfait. q. j'eusse fait un télégraphe. — q. n. eussions fait une transposition.	*Attention*, 4e Classe! *Écrivez* le nombre 700, *Attention!* mais vérifiez, etc.

2e DICTÉE.

» »	» »	*Attention*, 3e Classe! *Écrivez* le nombre 750, *Attention!* Infinitif présent. Faire usage de la vaisselle.	*Attention*, 4e Classe! *Écrivez* le nombre 750, *Attention!* Vercingétorix, etc.

3e DICTÉE.

» »	» »	*Attention*, 3e Classe! *Écrivez* le nombre 800, 850, *Attention!* Passé. Avoir fait un vésicatoire. Participe présent. Faisant des acclamations.	*Attention*, 4e Classe! *Écrivez* le nombre 800, 850, *Attention!* de Washington, etc.

4e DICTÉE.

» »	» »	*Attention*, 3e Classe! *Écrivez* le nombre 900, 950, *Attention!* Passé. Ayant fait des blasphèmes. Futur. Devant faire un cantique.	*Attention*, 4e Classe! *Écrivez* le nombre 900, 950, *Attention!* ma Xénomanie, etc. — à Xertigny, etc. — de Yarmouth, etc.

1re Classe. (n. 18 et dernier.) 1er *Jour.*	2e Classe. (n. 18 et dernier.) 1er *Jour.*	3e Classe. (n. 21.) 6e *Jour.*	4e Classe. (n. 23.) 6e *Jour.*

1re DICTÉE.

Attention! ——— 5e Classe, *écrivez!* . . . . ——— *Attention,* 4e Classe! *Écrivez* le nombre 1000, *Attention!* vous veillerez, etc.

Attention, 1re Classe!	*Attention*, 2e Classe!	*Attention*, 3e Classe!	*Attention*, 4e Classe!
fl.	*Écrivez* le nombre 1000, *Attention!* sticle.	*Écrivez* le nombre 1000, *Attention!* Plus-que-parfait. q. j'eusse fait un télégraphe. — q. n. eussions fait une transposition.	*Écrivez* le nombre 1000, *Attention!* mais vérifiez, etc.

2e DICTÉE.

Attention, 1re Classe!	*Attention*, 2e Classe!	*Attention*, 3e Classe!	*Attention*, 4e Classe!
gl. ll. ml.	*Écrivez* le nombre 1500, *Attention!* store, stupeur, stylet.	*Écrivez* le nombre 1500, *Attention!* Infinitif présent. Faire usage de la vaisselle.	*Écrivez* le nombre 1500, *Attention!* Vercingétorix, etc.

3e DICTÉE.

Attention, 1re Classe!	*Attention*, 2e Classe!	*Attention*, 3e Classe!	*Attention*, 4e Classe!
nl. pl.	*Écrivez* le nombre 1840, *Attention!* stance, stentor, sterling, stygme.	*Écrivez* le nombre 1840, *Attention!* Passé. Avoir fait un vésicatoire. Participe présent. Faisant des acclamations.	*Écrivez* le nombre 1840, *Attention!* de Washinton, etc.

4e DICTÉE.

Attention, 1re Classe!	*Attention*, 2e Classe!	*Attention*, 3e Classe!	*Attention*, 4e Classe!
rl. tl.	*Écrivez* le nombre 1850, 2000, *Attention!* strophe. Strymon. Strasbourg, stronglion.	*Écrivez* le nombre 1850, 2000, *Attention!* Passé. Ayant fait des blasphèmes. Futur. Devant faire un cantique.	*Écrivez* le nombre 1850, 2000, *Attention!* ma Xénomanie, etc. — à Xertigny, etc. — de Yarmouth, etc.

147ᵉ JOUR.

1ʳᵉ Classe. (nᵒ 18 et dʳ.) 2ᵉ Jour.	2ᵉ Classe. (nᵒ 18 et dʳ.) 2ᵉ Jour.	3ᵉ Classe. (nᵒ 21.) 7ᵉ Jour.	4ᵉ Classe. (nᵒ 23.) 7ᵉ Jour.
1ʳᵉ DICTÉE.			
Attention! —— 5ᵉ Classe, *écrivez!*			
3ᵉ et 4ᵉ Classes, *Copiez vos modèles !*			
Attention, 1ʳᵉ Classe!	*Attention*, 2ᵉ Classe!		
fl.	*Écrivez* le nombre 1000, *Attention!* sticle.	» »	» »
2ᵉ DICTÉE.			
Attention, 1ʳᵉ Classe!	*Attention*, 2ᵉ Classe!		
gl. ll. ml.	*Écrivez* le nombre 1500, *Attention!* store, stupeur, stylet.	» »	» »
3ᵉ DICTÉE.			
Attention, 1ʳᵉ Classe!	*Attention*, 2ᵉ Classe!		
nl. pl.	*Écrivez* le nombre 1840, *Attention!* stance, stentor, sterling, stygme.	» »	» »
4ᵉ DICTÉE.			
Attention, 1ʳᵉ Classe!	*Attention*, 2ᵉ Classe!		
rl. tl.	*Écrivez* le nombre 1850, 2000, *Attention!* strophe. Strymon. Strasbourg, stronglion.	» »	» »

1re Classe. (n° 18 et dr.) 3e *Jour.*	2e Classe. (n° 18 et dr.) 3e *Jour.*	3e Classe. (n° 22 et dr.) 1er *Jour.*	4e Classe. (n° 24 et dr.) 1er *Jour.*

1re DICTÉE.

Attention! ———— 5e Classe, *écrivez!* . . . . ———— *Attention*, 4e Classe! *Écrivez* le nombre 1000, *Attention!* à Yerville, etc.

Attention, 1re Classe! vi.	*Attention*, 2e Classe! *Écrivez* le nombre 1000, *Attention!* sticle.	*Attention*, 3e Classe! *Écrivez* le nombre 1000, *Attention!* Indicatif présent. — Aimé-je cet abbé? — Aimes-tu cette Abbaye (*)? Imparfait. — aimais-je le bouillon? — aimais-tu les batailles?	*Attention*, 4e Classe! *Écrivez* le nombre 1000, *Attention!* la Zagaie (**), etc.

2e DICTÉE.

Attention, 1re Classe! có. dó. hó.	*Attention*, 2e Classe! *Écrivez* le nombre 1500, *Attention!* store, stupeur, stylet.	*Attention*, 3e Classe! *Écrivez* le nombre 1500, *Attention!* Parfait défini. — Aimais-je le corail? — Aimas-tu les coraux? Parfait indéfini. — ai-je aimé les détails? — as-tu aimé les discussions? Parfait antérieur. — eus-je aimé cet éventail? — eus-tu aimé les éventails?	*Attention*, 4e Classe! *Écrivez* le nombre 1500, *Attention!* de Zimbaoé, etc.

3e DICTÉE.

Attention, 1re Classe! ló. mó.	*Attention*, 2e Classe! *Écrivez* le nombre 1840, *Attention!* stance, stentor, sterling, stygme.	*Attention*, 3e Classe! *Écrivez* le nombre 1840, *Attention!* Plus-que-parfait. — avais-je aimé le soupirail? — avais-tu aimé les soupiraux? Futur. — aimerai-je ce fauteuil? — aimeras-tu à feindre? Futur passé. — aurai-je aimé les gravures? — auras-tu aimé la gloire?	*Attention*, 4e Classe! *Écrivez* le nombre 1840, *Attention!* la Cœlioxyde, etc.

4e DICTÉE.

Attention, 1re Classe! nò. pò.	*Attention*, 2e Classe! *Écrivez* le nombre 1850, 2000, *Attention!* strophe. Strymon. Strasbourg, stronglion.	*Attention*, 3e Classe! *Écrivez* le nombre 1850, 2000, *Attention!* Conditionnel présent. — aimerais-je ce hideux hibou? — aimerais-tu ces hiboux? Conditionnel passé. — Aurais-je aimé cet indien? — aurais-tu aimé son intimité? On dit aussi : — eussé-je aimé ce joyau? — eusses-tu aimé ces joyaux?	*Attention*, 4e Classe! *Écrivez* le nombre 1850, 2000, *Attention!* l'œnologie, etc. — Et cœtera. — etc.

(*) Les élèves doivent compléter les temps, on ne doit plus épeler que les mots. — (**) La Zagaie est une sorte de javelot dont les Mores se servaient pour combattre à cheval, et dont se servent encore les sauvages de la Nouvelle Hollande.

1re Classe. (no 18 et dr.) 4e Jour.	2e Classe. (no 18 et dr.) 4e Jour.	3e Classe. (no 22 et dr.) 2e Jour.	4e Classe. (no 24 et dr.) 2e Jour.

1re DICTÉE.

Attention! ———— 5e Classe, *écrivez!* . . . . . . ———— *Attention*, 4e Classe! *Écrivez* le nombre 1000, *Attention!* à Yerville, etc.

Attention, 1re Classe! vi.	*Attention*, 2e Classe! *Écrivez* le nombre 1000, *Attention!* sticle.	*Attention*, 3e Classe! *Écrivez* le nombre 1000, *Attention!* Indicatif présent. — Aimé-je cet abbé? — Aimes-tu cette Abbaye? Imparfait. — aimais-je le bouillon? — aimais-tu les batailles?	*Attention*, 4e Classe! *Écrivez* le nombre 1000, *Attention!* la Zagaie, etc.

2e DICTÉE.

Attention, 1re Classe! cô. dô. hô.	*Attention*, 2e Classe! *Écrivez* le nombre 1500, *Attention!* store, stupeur, stylet.	*Attention*, 3e Classe! *Écrivez* le nombre 1500, *Attention!* Parfait défini. — aimai-je le corail? — aimas-tu les coraux? Parfait indéfini. — ai-je aimé les détails? — as-tu aimé les discussions? Parfait antérieur. — eus-je aimé cet éventail? — eus-tu aimé les éventails?	*Attention*, 4e Classe! *Écrivez* le nombre 1500, *Attention!* de Zimbaoé, etc.

3e DICTÉE.

Attention, 1re Classe! lô. mô.	*Attention*, 2e Classe! *Écrivez* le nombre 1840, *Attention!* stance, stentor, sterling, stygme.	*Attention*, 3e Classe! *Écrivez* le nombre 1840, *Attention!* Plus-que-parfait. — avais-je aimé le soupirail? — avais-tu aimé les soupiraux? Futur. — aimerai-je ce fauteuil? — aimeras-tu à feindre? Futur passé. — aurai-je aimé les gravures? — auras-tu aimé la gloire?	*Attention*, 4e Classe! *Écrivez* le nombre 1840, *Attention!* la Cœlioxyde, etc.

4e DICTÉE.

Attention, 1re Classe! nô. pô.	*Attention*, 2e Classe! *Écrivez* le nombre 1850, 2000, *Attention!* strophe, Strymon. Strasbourg, stronglion.	*Attention*, 3e Classe! *Écrivez* le nombre 1850, 2000, *Attention!* Conditionnel présent. — aimerais-je ce hideux hibou? — aimerais-tu ces hiboux? Conditionnel passé. — aurais-je aimé cet indien? — aurais-tu aimé son intimité? On dit aussi : — eussé-je aimé ce joyau? — eusses-tu aimé ces joyaux?	*Attention*, 4e Classe! *Écrivez* le nombre 1850, 2000, *Attention!* l'œnologie, etc. — Et cætera. — etc.

1re CLASSE. (no 18 et dr.) 5e *Jour.*	2e CLASSE. (no 18 et dr.) 5e *Jour.*	3e CLASSE. (no 22 et dr.) 3e *Jour.*	4e CLASSE. (no 24 et dr.) 3e *Jour.*

1re DICTÉE.

Attention! ———— 5e CLASSE, *écrivez!* . . . . ———— *Attention,* 4e CLASSE! *Écrivez* le nombre 1000, *Attention!* à Yerville, etc.

Attention, 1re CLASSE! rô.	*Attention,* 2e CLASSE! *Écriv.* le nomb. 1000, *Attention!* staimbouc.	*Attention,* 3e CLASSE! *Écrivez* le nombre 1000, *Attention!* INDICATIF PRÉSENT. Finis-je? — Finit-il avec méthode? IMPARFAIT. finissais-je? — finissait-il sa neuvaine?	*Attention,* 4e CLASSE! *Écrivez* le nombre 1000, *Attention!* la Zagaie, etc.

2e DICTÉE.

Attention, 1re CLASSE! tô. vô. bû.	*Attention,* 2e CLASSE! *Écrivez* le nombre 1500, *Attention!* Thalic. Thémis, thèse.	*Attention,* 3e CLASSE! *Écrivez* le nombre 1500, *Attention!* PARFAIT DÉFINI. finis-je? — finit-il logiquement? PARFAIT INDÉFINI. ai-je fini? — a-t-il fini avec orgueil? PARFAIT ANTÉRIEUR. eus-je fini? — eut-il fini le portail?	*Attention,* 4e CLASSE! *Écrivez* le nombre 1500, *Attention!* de Zimbaoé, etc.

3e DICTÉE.

Attention, 1re CLASSE! cû. dû.	*Attention,* 2e CLASSE! *Écrivez* le nombre 1840, *Attention!* thème, thuron, thymus, thlaspi.	*Attention,* 3e CLASSE! *Écrivez* le nombre 1840, *Attention!* PLUS-QUE-PARFAIT. avais-je fini? — avait-il fini les portails? FUTUR. finirai-je? — finira-t-il le quinconque? FUTUR PASSÉ. aurai-je fini? — aura-t-il fini la romance?	*Attention,* 4e CLASSE! *Écrivez* le nombre 1840, *Attention!* la Cœlioxyde, etc.

4e DICTÉE.

Attention, 1re CLASSE! fû. tû.	*Attention,* 2e CLASSE! *Écrivez* le nombre 1850, 2000, *Attention!* Thoissey. Thrace, thuilée, thyrse.	*Attention,* 3e CLASSE! *Écrivez* le nombre 1850, 2000, *Attention!* CONDITIONNEL PRÉSENT. finirais-je? — finira-t-il de sang-froid? CONDITIONNEL PASSÉ. aurais-je fini? — aurait il fini sans tergiverser? ON DIT AUSSI : eussé-je fini? — eût-il fini à l'unisson?	*Attention,* 4e CLASSE! *Écrivez* le nombre 1850, 2000, *Attention!* l'œnologie, etc. — Et cœtera. — etc.

1re CLASSE. (no 18 et dr.) 6e *Jour.*	2e CLASSE. (n. 18 et dr.) 6e *Jour.*	3e CLASSE. (no 22 et dr.) 4e *Jour.*	4e CLASSE. (no 24 et dr.) 4e *Jour.*

1re DICTÉE.

Attention! ——— 5e CLASSE, *écrivez!* . . . . ——— *Attention*, 4e CLASSE! *Écrivez* le nombre 1000, *Attention!* à Yerville, etc.

Attention, 1re CLASSE! rô.	*Attention*, 2e CLASSE! *Écriv.* le nomb. 1000, *Attention!* staimbouc.	*Attention*, 3e CLASSE! *Écrivez* le nombre 1000, *Attention!* INDICATIF PRÉSENT. Finis-je? — Finit-il avec méthode? IMPARFAIT. finissais-je? — finissait il sa neuvaine?	*Attention*, 4e CLASSE! *Écrivez* le nombre 1000, *Attention!* la Zagaie, etc.

2e DICTÉE.

Attention, 1re CLASSE! tô. vô. bû.	*Attention*, 2e CLASSE! *Écrivez* le nombre 1500, *Attention!* Thalie. Thémis, thèse.	*Attention*, 3e CLASSE! *Écrivez* le nombre 1500, *Attention!* PARFAIT DÉFINI. finis-je? — finit-il logiquement? PARFAIT INDÉFINI. ai-je fini? — a-t-il fini avec orgueil? PARFAIT ANTÉRIEUR. eus-je fini? — eut-il fini le portail?	*Attention*, 4e CLASSE! *Écrivez* le nombre 1500, *Attention!* de Zimbaoé, etc.

3e DICTÉE.

Attention, 1re CLASSE! cû. dû.	*Attention*, 2e CLASSE! *Écrivez* le nombre 1840, *Attention!* thème, thuron, thymus, thlaspi.	*Attention*, 3e CLASSE! *Écrivez* le nombre 1840, *Attention!* PLUS-QUE-PARFAIT. avais-je fini? — avait-il fini les portails? FUTUR. finirai-je? — finira-t-il le quinconce? FUTUR PASSÉ. aurai-je fini? — aura-t-il fini la romance?	*Attention*, 4e CLASSE! *Écrivez* le nombre 1840, *Attention!* la Cœlioxyde, etc.

4e DICTÉE.

Attention, 1re CLASSE! fû. tô.	*Attention*, 2e CLASSE! *Écrivez* le nombre 1850, 2000, *Attention!* Thoissey. Thrace, thuilée, thyrse.	*Attention*, 3e CLASSE! *Écrivez* le nombre 1850, *Attention!* CONDITIONNEL PRÉSENT. finirais-je? — finirait-il de sang-froid? CONDITIONNEL PASSÉ. aurais-je fini? — aurait-il fini sans tergiverser? ON DIT AUSSI : eussé-je fini? — eût-il fini à l'unisson?	*Attention*, 4e CLASSE! *Écrivez* le nombre 1850, 2000, *Attention!* l'œnologie, etc. — Et cœtera. — etc.

1re CLASSE. (no 18 et dr.) 7e *JOUR.*	2e CLASSE. (no 18 et dr.) 7e *JOUR.*	3e CLASSE. (no 22 et dr.) 5e *JOUR.*	4e CLASSE. (no 24 et dr.) 5e *JOUR.*

1re DICTÉE.

Attention! ———— 5e CLASSE, *écrivez!* . . . . ———— *Attention*, 4e CLASSE! *Écrivez* le nombre 1000, *Attention!* à Yerville, etc.

Attention, 1re CLASSE! mû.	*Attention*, 2e CLASSE! *Écriv.* le nomb. 1000, *Attention!* staimbouc.	*Attention*, 3e CLASSE! *Écrivez* le nombre 1000, *Attention!* INDICATIF PRÉSENT. — Reçois-je? — Recevons-nous les vaisseaux? IMPARFAIT. — recevait-il? — Recevions-nous de Westphalie?	*Attention*, 4e CLASSE! *Écrivez* le nombre 1000, *Attention!* la Zagaie, etc.

2e DICTÉE.

Attention, 1re CLASSE! nû. pû. rû.	*Attention*, 2e CLASSE! *Écrivez* le nombre 1500, *Attention!* Thalie. Thémis, thèse.	*Attention*, 3e CLASSE! *Écrivez* le nombre 1500, *Attention!* PARFAIT DÉFINI. — reçût-il? — reçûmes-nous le Xénophon? PARFAIT INDÉFINI. — a-t-il reçu? — avons-nous reçu les zig-zags? PARFAIT ANTÉRIEUR. — eut-il reçu? — eûmes-nous reçu l'œil d'émail?	*Attention*, 4e CLASSE! *Écrivez* le nombre 1500, *Attention!* de Zimbaoé, etc.

3e DICTÉE.

Attention, 1re CLASSE! sû. çû.	*Attention*, 2e CLASSE! *Écrivez* le nombre 1840, *Attention!* thème, thuron, thymus, thlaspi.	*Attention*, 3e CLASSE! *Écrivez* le nombre 1840, *Attention!* PLUS-QUE-PARFAIT. — avait-il reçu? — avions-nous reçu les yeux de verre? FUTUR. — recevra-t-il? — recevrons-nous cette année? FUTUR PASSÉ. — aura-t-il reçu? — aurons-nous reçu l'ancre du navire?	*Attention*, 4e CLASSE! *Écrivez* le nombre 1840, *Attention!* la Cœlioxyde, etc.

4e DICTÉE.

Attention, 1re CLASSE! tû. vû.	*Attention*, 2e CLASSE! *Écrivez* le nombre 1850, 2000, *Attention!* Thoissey. Thrace, thuilée, thyrse.	*Attention*, 3e CLASSE! *Écrivez* le nombre 1850, 2000, *Attention!* CONDITIONNEL PRÉSENT. — recevrait-il? — recevrions-nous l'encre à écrire? CONDITIONNEL PASSÉ. — aurait-il reçu? — aurions-nous reçu le bijou? ON DIT AUSSI : — eût-il reçu? — eussions-nous reçu les bijoux?	*Attention*, 4e CLASSE! *Écrivez* le nombre 1850, 2000, *Attention!* l'œnologie, etc. — Et cœtera. — etc.

153e *JOUR.*

1re Classe. (no 18 et dr.) 8e *Jour.*	2e Classe. (n. 18 et dr.) 8e *Jour.*	3e Classe. (no 22 et dr.) 6e *Jour.*	4e Classe. (no 24 et dr.) 6e *Jour.*
1re DICTÉE.			
Attention! ————	5e Classe, *écrivez!* . . . . ————	*Attention*, 4e Classe! *Écrivez* le nombre 1000, *Attention!* à Yerville, etc.	
Attention, 1re Classe!	*Attention*, 2e Classe!	*Attention*, 3e Classe!	*Attention*, 4e Classe!
mû.	*Écriv.* le nomb. 1000, *Attention!* staimbouc.	*Écrivez* le nombre 1000, *Attention!* Indicatif présent. — Rendez-vous? — Rendent-ils le caillou, les cailloux? Imparfait. — rendiez-vous le cylindre? — rendaient-ils les cymbales?	*Écrivez* le nombre 1000, *Attention!* la Zagaie, etc.
2e DICTÉE.			
Attention, 1re Classe!	*Attention*, 2e Classe!	*Attention*, 3e Classe!	*Attention*, 4e Classe!
nû. pû. rû.	*Écrivez* le nombre 1500, *Attention!* Thalie. Thémis, thèse.	*Écrivez* le nombre 1500, *Attention!* Parfait défini. — rendîtes-vous son discours? — rendirent-ils son écusson? Parfait indéfini. — avez-vous rendu le faucon? — ont-ils rendu la gibecière? Parfait antérieur. — eûtes-vous rendu les gouvernails? — eurent-ils rendu le homard?	*Écrivez* le nombre 1500, *Attention!* de Zimbaoé, etc.
3e DICTÉE.			
Attention, 1re Classe!	*Attention*, 2e Classe!	*Attention*, 3e Classe!	*Attention*, 4e Classe!
sû. çû.	*Écrivez* le nombre 1840, *Attention!* thème, thuron, thymus, thlaspi.	*Écrivez* le nombre 1840, *Attention!* Plus-que-parfait. — aviez-vous rendu l'indemnité? — avaient-ils rendu la Jacynthe? Futur. — rendrez-vous le kilogramme? — rendront-ils la lampe? Futur passé. — aurez-vous rendu le martinet? — auront-ils rendu les nippes?	*Écrivez* le nombre 1840, *Attention!* la Cœlioxyde, etc.
4e DICTÉE.			
Attention, 1re Classe!	*Attention*, 2e Classe!	*Attention*, 3e Classe!	*Attention*, 4e Classe!
tû. vû.	*Écrivez* le nombre 1850, 2000, *Attention!* Thoissey. Thrace, thuilée, thyrse.	*Écrivez* le nombre 1850, 2000, *Attention!* Conditionnel présent. — rendriez-vous l'Odyssée? — rendraient-ils le poulain? Conditionnel passé. — auriez-vous rendu les rateaux? — auraient-ils rendu la quittance? On dit aussi : — eussiez-vous rendu le Rhinocéros? — eussent-ils rendu le supplément?	*Écrivez* le nombre 1850, 2000, *Attention!* l'œnologie, etc. — Et cœtera. — etc.

154e *et dernier* JOUR.

1re CLASSE. (no 18 et dr.) 9e et dr. J.	2e CLASSE. (no 18 et dr.) 9e et dr. J.	3e CLASSE. (no 22 et dr.) 7e et dr. J.	4e CLASSE. (no 24 et dr.) 7e et dr. J.

Attention! ——— TOUTES LES CLASSES, *Copiez vos modèles!*

» »	» »	» »	» »
» »	» »	» »	» »
» »	» »	» »	» »
» »	» »	» »	» »

Imprimerie de LOTTIN DE SAINT-GERMAIN, rue de Nazareth, 1. — (Paris, 1842.)

2e JOUR.

1re CLASSE (n. 1.) 2e *Jour.*	2e CLASSE. (n. 1.) 2e *Jour.*	3e CLASSE. (n. 1.) 2e *Jour.*	4e CLASSE. (n. 1.) 2e *Jour.*
1re DICTÉE.			
(Annoncer la date.) ——— *Attention!* ——— 5e CLASSE, *écrivez!* . . . . . ——— *Attention*, 4e CLASSE! *Faites* un zéro virgule, *Attention!* Absoudrais-tu, etc.			
Attention, 1re CLASSE!	*Attention*, 2e CLASSE!	*Attention*, 3e CLASSE!	*Attention*, 4e CLASSE!
Faites plusieurs jambages droits.	*Faites* un zéro virgule, *Attention!* Ail.	*Faites* un zéro virgule, *Attention!* INDICATIF PRÉSENT. Je suis bon. — Tu es beau.	*Faites* un zéro virgule, *Attention!* accepterait-elle, etc.
2e DICTÉE.			
Attention, 1re CLASSE!	*Attention*, 2e CLASSE!	*Attention*, 3e CLASSE!	*Attention*, 4e CLASSE!
Faites plusieurs jambages avec courbe par le bas.	*Faites* un 1 virgule, un 2, un 3, *Attention!* air, ais, arc.	*Faites* un 1 virgule, un 2, un 3, *Attention!* Il est bas. — Elle est bonne, belle, basse.	*Faites* un 1 virgule, un 2, un 3, *Attention!* en adhérant, etc.
3e DICTÉE.			
Attention, 1re CLASSE!	*Attention*, 2e CLASSE!	*Attention*, 3e CLASSE!	*Attention*, 4e CLASSE!
Faites plusieurs jambages droits.	*Faites* un 4, un 5, un 6, *Attention!* art, Bac, bal, bas.	*Faites* un 4, un 5, un 6, *Attention!* Nous sommes blancs. — Vous êtes bleus.	*Faites* un 4, un 5, un 6, *Attention!* as-tu admiré, etc.
4e DICTÉE.			
Attention, 1re CLASSE!	*Attention*, 2e CLASSE!	*Attention*, 3e CLASSE!	*Attention*, 4e CLASSE!
Faites plusieurs jambages avec courbe par le bas.	*Faites* un 7, un 8, un 9, *Attention!* bât, bec, but. Cap.	*Faites* un 7, un 8, un 9, *Attention!* Ils sont blonds. — Elles sont blanches, bleues, blondes.	*Faites* un 7, un 8, un 9, *Attention!* assurément, etc. — affirmes-tu, etc.

NOTA. *Tous les mots*, jusqu'à la 3e CLASSE inclusivement, doivent être épelés de la manière indiquée à la 1re leçon; pendant l'épellation, tous les signes *orthographiques* doivent être ..és; il en est de même de la ponctuation.

1re CLASSE.

(·) *Attention*, 1re Classe!
Faites plusieurs fois la voyelle O.

(··) *Attention*, 1re Classe!
Faites la voyelle A.

(∴) *Attention*, 1re Classe!
Faites la voyelle O.

(∷) *Attention*, 1re Classe!
Faites la voyelle A.

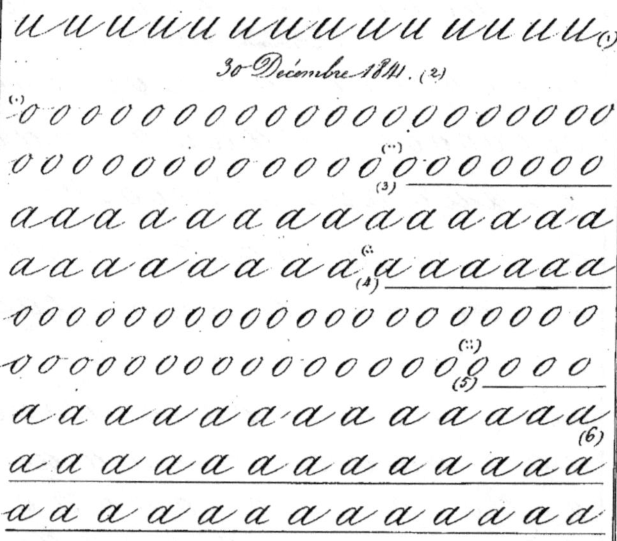

DICTÉES MAL SUIV

(1) Nous supposons qu'on arrêté ici la veille.

(2) Annoncer la date.

(3) Nous supposons que l'é en était là, lorsque le prof a dit : faites des *a*; mais au de l'écouter, il a continué à des *o*, et n'a commencé qu'à la ligne suivante.

(4) Même faute.

(5) Même faute.

(6) Ici l'élève, au lieu de une ligne en blanc et de faire suite une ligne d'*o* et une d'*a* jusqu'à la fin de la classe continué à faire des *a*.

1re CLASSE.

DICTÉES BIEN SUIVIES.

(·) *Attention*, 1re Classe! *[F]aites* plusieurs fois la voyelle O

(··) *Attention*, 1re Classe! *Faites* la voyelle A.

(∴) *Attention*, 1re Classe! *Faites* la voyelle O.

(∷) *Attention*, 1re Classe! *Faites* la voyelle A.

(1) Nous supposons qu'on s'est arrêté ici la veille.

(2) Annoncer la date.

(3) A cette dictée comme aux trois autres l'élève a parfaitement écouté et suivi, il a terminé la ligne avec la 4e dictée, a laissé une ligne en blanc, et ensuite a fait une ligne de chacune des lettres qui lui ont été dictées.

2e CLASSE.

(·) *Attention*, 2e CLASSE! *Faites* un zéro virgule, Ail, *écrivez!* etc.

(··) *Attention*, 2e CLASSE! *Faites* un 1, un 2, un 3, *Attention!* Air, *écrivez!* etc.

(∴) *Attention*, 2e CLASSE! *Faites* un 4, un 5, un 6, *Attention!* Art, *écrivez!* etc.

(::) *Attention*, 2e CLASSE! *Faites* un 7, un 8, un 9, *Attention!* bât, *écrivez!* etc.

Ail, air. ais. arc. art. Bac. bal. (1)

30 Décembre 1841. (2)

(·) 0, Ail. Ail. Ail. Ail. Ail. Ail. Ail.
Ail. Ail. Ail. Ail. Ail. ail. ail. ail.
(3)
1, 2, 3, air (4) air. air. ais. arc. air. ais-
arc. air ais. arc. air. ais. arc (∴) arc. arc.
4, 5, 6, art. bac (5) bal. bas. art. bac. bal. bas
art. Bac. bal. bas (::) art bac bac. bal bas.
7, 8, 9. bat (7) bec. but (8) (6) cap. bat. bec. but cap. bât.

Ail. air. ais. arc. art. Bac. bal. bas, bât.
bec. but. Cap. Ail. air. ais. arc. art. Bac. bal.
bas. bât. bec. but. Cap. Ail. air. ais. arc. art.

DICTÉES MAL SUIVIES.

(1) Nous supposons qu'on s'est arrêté ici la veille

(2) Annoncer la date.

(3) Au lieu de s'arrêter ici e faire la nouvelle dictée, l'élève a continué d'écrire la 1re.

(4) Il réécrivait *air* au lieu d' crire *ais* pendant que le profes épelait ce mot.

(5) Même observation, au comme il n'avait pas écouté, il fait un *b* ordinaire lorsqu'on épelé, et dit de faire un B m juscule.

(6) Toujours même faute.

(7) N'ayant pas écouté, il n pas fait l'accent circonflexe.

(8) C'était un C majuscule qu fallait.

Toutes les fois qu'on verra l *chiffres* quatre fois de suite co mencer la ligne, on peut être tain que les dictées n'ont pas é suivies. Cela peut arriver une fo peut-être deux, mais jamais qua fois.

2e CLASSE.

(·) *Attention*, 2e CLASSE ! *Faites* un zéro virgule, Ail, *écrivez!* etc.

(··) *Attention*, 2e CLASSE ! *Faites* un 1, un 2, un 3, *Attention!* Air, *écrivez!* etc.

(∴) *Attention*, 2e CLASSE ! *Faites* un 4, un 5, un 6, *Attention!* Art, *écrivez!* etc.

(::) *Attention*, 2e CLASSE ! *Faites* un 7, un 8, un 9 *Attention!* Bât, *écrivez!* etc.

Bac. bal. bas. bât. bec. but. Cap. Ail. air. ais.

30 Décembre 1841.

(·) 0, Ail. Ail. Ail. Ail. Ail. Ail. Ail. Ail.
Ail. Ail. Ail. A(··)(–) 1, 2, 3. air. ais. arc. air. ais.
arc. air. ais. arc. air. ais. arc. air. ais. arc. air
ais. arc. air. ais. arc.(∴) 4, 5, 6. art. Bac. bal. bas.
art. Bac. bas. art. Bac bal bas. art. Bac. bal. ba(::)
7, 8, 9. bât. bec. but. Cap. bât. bec. but. Cap. bât(+)

Ail. air. ais. arc. art. Bac. bal. bas. bât. bec.
but. Cap. Ail. air, ais. arc. art. Bac. bal
bas. bât. bec. but. Cap. Ail. air ais arc.
art. Bac. bal. bas. bât. bec. but. Cap. —

DICTÉES BIEN SUIVIES.

(–) On voit ici que l'élève attentif s'est arrêté aussitôt qu'on a appelé sa classe, pour ne plus faire que la nouvelle dictée, ce qu'il a également fait pour les autres.

(+) Ici la 4e dictée étant faite et sa ligne terminée, il a laissé un intervalle en blanc pour séparer le travail fait sous la dictée d'avec le travail fait en copiant les mots dictés dans l'ordre où ils se trouvent sur le modèle qu'il avait sous les yeux.

3e CLASSE.

(·) *Attention*, 3e CLASSE ! *Faites* un zéro.

(··) *Attention*, 3e CLASSE ! *Faites* un 1, un 2, etc.

(∴) *Attention*, 3e CLASSE ! *Faites* un 4, un 5, etc.

(::) *Attention*, 3e CLASSE ! *Faites* un 7, un 8, etc.

bonne, belle; basse. Nous sommes blancs. Vous êtes bleus (1)

30 Septembre 1841. (2.)

(·) 0. Indicatif présent. je (3.) suis bon. tu es beau. je suis bon. Tu es beau. Te suis bon. Tu es beau. je suis bon. tu es beau. Je suis bon. Tu es beau (··) (4) 1, 2, 3, Il est bas. Elle est bonne, belle, basse. il est bas. elle est bonne, belle, basse; Il est bas. Elle est bonne belle, basse. Il est bas. Elle est bonne, belle, basse. Il est (∴) bas. elle 4, 5, 6. Nous sommes blancs. Vous êtes bleus. Nous sommes (5) blancs Vous êtes bleus, Nous sommes blancs. vous êtes bleus, Nous sommes blancs, vous êtes bleus. Nous sommes (::) blancs. 7, 8, 9. ils sont blonds. Elles sont blanches, bleues, blondes. Ils sont blonds. Elles sont blanches.

Indicatif présent.

je suis bon. Tu es beau. il est bas. Elle est bonne, belle, basse. Nous sommes blancs. Vous êtes bleus. Elles sont blanches, bleues, blondes. Indicatif présent. Te suis bon. Tu est beau. Il est bas. Elle est bonne, belle, basse. Nous somme+ blancs, Vous êtes bleu+ Ils sont blond+ elle+ sont blanches, bleues, blondes, blanches, bleues, blondes, blanches. indicatif present: Te suis bon. Tu es beau. —

DICTÉES MAL SUIVIES.

(1) Nous supposons qu'on s'est arrêté ici la veille.

(2) Annoncer la date.

(3) C'est un J majuscule qu'il faut.

(4) Il ne devait pas achever le mot *beau*, mais faire de suite les chiffres, etc.

(5) Même faute.

3e CLASSE.

(·) *Attention*, 3e CLASSE !
Faites un zéro.

(··) *Attention*, 3e CLASSE !
Faites un 1, un 2, etc.

(∴) *Attention*, 3e CLASSE !
Faites un 4, un 5, etc.

(::) *Attention*, 3e CLASSE !
Faites un 7, un 8, etc.

30 Septembre 1841.

(·) 0, Indicatif présent. Je suis bon. Tu es beau. Je suis bon. Tu es beau. Je suis bon. Tu es beau. Je suis bon. Tu es beau. Je suis bon. Tu es beau. Je suis bon. tu es be (··) (–) 1, 2, 3, Il est bas, Elle est bonne, belle, basse. Il est bas. Elle est bonne, belle, basse. Il est bas. Elle est bonne, belle, basse. Il es (∴) 4, 5, 6, Nous sommes blancs. Vous êtes bleus. Nous sommes blancs. Vous êtes bleus. Nous sommes blancs. Vous êtes bleus. Nous sommes (::) 7, 8, 9. Ils sont blonds. Elles sont blanches, bleues, blondes. Ils sont blonds. Elles sont blanches, bleues, blondes.

Indicatif présent.

Je suis bon. Tu es beau. Il est bas. Elle est bonne, belle, basse. Nous sommes blancs. Vous êtes bleus. — Ils sont blonds, Elles sont blanches, bleues, blondes. —
Indicatif présent. Je suis bon. Tu es beau. Il est bas. Elle est bonne, belle, basse. Nous sommes blancs. Vous êtes bleus. Elles sont blanches, bleues, blondes. blanches, bleues, blondes.
Indicatif présent: Je suis bon. Tu es beau. Il est bas. Nous sommes blancs. Vous êtes bleus. Ils sont blonds. Elles sont blanches, bleues, blondes.

DICTÉES BIEN SUIVIES.

(–) On voit ici que l'élève attentif s'est arrêté aussitôt qu'on a appelé sa classe, pour ne plus faire que la nouvelle dictée, ce qu'il a également fait pour les autres.

www.ingramcontent.com/pod-product-compliance
Lightning Source LLC
Chambersburg PA
CBHW072024080426
42733CB00010B/1807